性

史

第一卷 知識的意志

HISTOIRE DE LA SEXUALITÉ I
La volonté de savoir
MICHEL FOUCAULT

米歇爾·傅柯 著　林志明 譯

目次

I. Nous autres, victoriens

第一章

維多利亞人

我們這些其他的，[1]

常久以來，我們過去有可能承受著，而今日仍然可能忍受著，一個維多利亞式的體制。女皇般一本正經的女人在我們的性徽章上顯現其形象，她節制保留、默不作聲、虛偽作假。

人們說，在 17 世紀初期，某種坦率真誠仍行得通。實作上不會保持祕密；話語說出來時也沒有過度的遲疑，而事情也不需要太多的偽裝；和不正當的事物之間，人們過去有一種帶著容忍的熟悉感。如果和 19 世紀相比，有關什麼是粗俗、猥褻、下流的規約（codes）那時寬鬆得多。直接的手勢、沒有羞恥的話語、明白可見的逾越、身體形態外露並輕易地混合、無羞恥小孩在成人的笑聲間徘徊流轉，沒有顧忌也不造成醜聞：身體「展示著自身」（faisaient la roue[2]）。

跟在這光天化日之後的，乃是一段快速落下的黃昏，終至維多利亞時代布爾喬亞的單調暗夜。性於是被細心地隱藏起來。它搬進住家。以夫婦為主體的家庭將之沒收。並且將它完全吸收於生殖的嚴肅功能之中。和性相關的事物，人們保持緘默。合法且負有生育大任的夫婦立下法則。他們強勢地成為模範，強調正常（la norme），手握著真理，持有說話的權利但為自己保留著祕密原則。在社會空間中，就像在每座房屋的核

心，只有一個地方是受承認隸屬於性，但那是具實用性及孕育性的：父母親的房間。剩下的就只有隱沒一途；姿態禮儀使得身體迴避，詞語端莊則使話語蒼白。如果說無生育堅持出現並且顯得太拋頭露面，它轉向成為非正常（l'anormal）：它將會有這樣地位並且會付出代價。

沒有受到生殖安排（ordonné）或轉化（transfiguré）的事物不再有居所及合法性（ni feu ni loi）。也不再有言說。它被逐出、否定及化為沉默。不只這個（ça）不存在，這個也不應該存在，而且一旦它有一點顯現的時候，人們便使它消失——

1.　　譯註：美國學者及文學評論家史蒂芬．馬庫斯（Stephen Marcus, 1928-2018）曾於 1966 年出版《其他的維多利亞時代人》（*The Other Victorians*），由其副題即可了解研究主題為「英國 19 世紀中期性和色情書寫的研究」（*A Study of Sexuality and Pornography in Mid-nineteenth-century England*），傅柯此章的命名「我們這些其他的，維多利亞人」（Nous autres, victoriens）即脫胎於此，但因為加上了逗號，使得此一部名更有一語雙關的意味。

2.　　譯註：法文 faire la roue 有翻筋斗及炫耀自己等意思。

不論那是行為或言語。比如說兒童，我們知道他們沒有性：這是禁制他們的理由，防止他們談論它的理由，只要他們有點顯露這點的時候，這理由也使人閉上眼睛及堵住耳朵，並且強勢地加上普遍及紮實的沉默。這便是壓抑（répression）的特質，並使它有別於各種禁制（interdits），後者是單純的刑法所維持的：它的作用的確是使其消失的譴責，但也是保持沉默的命令、對於不存在的肯定，而且，隨之而來的，也是所有這些都沒有什麼可說的、可看的、可知道的觀察。我們的布爾喬亞社會便是以此跛足的邏輯，推行其虛偽。但它也被迫作出一些讓步。如果真的必須為不合法的性保留位置，那麼就讓它們去別的地方喧囂；在那裡我們如果不能將它們重新置入於生產的循環中，至少要能將其置入於利益的循環中。妓院和療養院將是這些受寬容的地方：妓女、恩客及皮條客，精神醫師及他的歇斯底里患者 —— 史蒂芬・馬庫斯（Stephen Marcus）會將稱之為「其他的維多利亞人」（autres victoriens[3]）的這些人 ——他們似乎偷偷地將不能被說出的快感流通於受到計算的事物類屬之中；字詞、手勢，悄悄地以受容忍的方式，在那兒以高價交換著。只有在那裡，野蠻且未受馴服的性才得到以真實形式

存在的權利，但仍是受到良好地隔離，其論述類型是暗中進行的、受圈圍的、暗碼化的。現代清教徒主義在各處都強勢地加上其三重教諭，也就是禁制、不存在及裝聾作啞。

在這漫長的兩個世紀中，性的歷史可能首先應被解讀為持續增長的壓抑的編年史，而我們是否已由其中獲得解放呢？人們再次和我們說，還很少呢。透過佛洛依德（Freud），也許。但那是透過何等的小心，以何等的醫學謹慎、科學上的無害保證及預防措施，才不會害怕有「外溢」效應，維持一切於一個最安全和最能保密的地方，即介於躺椅和論述之間：這仍是一張床上可帶來收益的輕聲細語。但有可能是別種狀況嗎？人們向我們解釋說，如果說自從古典時期（l'âge classique[4]）以來，壓抑即是權力、知識和性之間相連結的根本模式，那要由其中

3. 譯註：參見本章譯註 1。

4. 譯註：在法國文化傳統中，這大約是指 16 世紀末期至 18 世紀初期這段時間。

解放必得付出可觀的代價：其中至少有律法的逾越、禁制的解除、言語的爆發，將快感重置於真實之中，以及一整套權力機制的全新經濟（économie）；這是因為，真象（vérité）再怎麼微小地閃耀，都是處於政治的條件之下。這樣的成效，不能期待只是來自於一種單純的醫療實踐，或是一套理論性論述，即使它是嚴謹的。如此，人們揭發了佛洛依德的因循守舊，精神分析的正常化功能，萊希（Reich[5]）巨大激越之下如此多的膽怯，以及性「科學」所確保的所有整合功效或性學（sexologie）有點可疑的實踐。

這套性的現代壓抑論述仍然穩定站立。無疑這是因為它是容易持有的。一個歷史和政治的嚴肅保障（caution）在保護著它；使得壓抑的時代誕生於 17 世紀，之前有數百年光天化日下的存在及自由表達，這便讓它和資本主義的發展得以相互符合：它將和布爾喬亞的秩序成為一體。性和它所受刁難的小小編年史於是立即換位於生產模式的儀式性歷史中；它的妄自尊大消散開來。實際上，一個解釋原則浮現出來：如果性受到如此嚴格的壓抑，那是因為它和普遍及高強度地將人置入於勞動的狀態不相容；在一個人們以系統性的方式開發勞動力的時

代，可以容忍它沉迷於快感嗎，如果那不能使勞動力得以再生產，而且已化約為最小程度的快感？性和其效果也許不易解謎；但如果受到如此的重構，它們的壓抑則相對容易分析。而性的訴求——它的自由之外，也是人們對它的認識，以及談論它的權利——現在以全然的合法性依歸於一個政治訴求的榮耀上：性也同樣地銘刻於未來之中。一個懷疑心重的心智也許會提問，如果要給性的歷史一個如此有地位的教父之時，要持有這麼多的謹慎，這是不是仍帶有古老羞恥心的痕跡：彷彿有需要加上這許多為其增加價值的關連，才能使得這個論述可以被持有或接受。

5.　　譯註：Wilhelm Reich（1897-1957），奧地利醫生及精神分析家，曾追隨佛洛依德。在他豐富多產的一生中，對本書特別有意義的是他創造了「性革命」（"the sexual revolution"）一詞，並曾於1933年出版《法西斯主義的群眾心理學》（*The Mass Psychology of Fascism*），將性壓抑和威權主義進行連繫。傅柯在本書的第四部結尾處會再談及萊希對性壓抑的批判。

然而，也許有另一個理由使得將性與權力的關係以壓抑的角度作表述，會如此令人滿意：這一點或可稱之為談論者的好處（bénéfice du locuteur）。如果性是受到壓抑的，也就是說註定是被禁止、不存在和被沉默包圍，那麼單是談論它，及談論它的壓抑的這個舉動，就好像擁有了刻意逾越的樣貌。持有此一語言的人使得自己以某種程度外於權力；他衝撞權力；雖然也許是很少量地，但他也提前參與了未來的自由。由此而來的是今日人們談論性時的這種莊嚴隆重。當 19 世紀早先的人口學家和精神醫師談到性的時候，曾認為他們必須請求其讀者原諒，因為他們談的主題是這麼卑下及如此地微不足道。而自從數十年來，我們談論它的時候也會不得不特別作點姿態：自覺在挑戰既成秩序，聲調也顯得我們自知具有顛覆性，具有驅離現在及呼喚未來的熱忱，我們想著自己將貢獻於加速未來到臨的步伐。某種反叛、受允諾的自由、處於另一種律則之下的未來時代，很容易進入此一性是受到壓制的論述之中。預言的某些古老傳統功能在此重受啟動。明天，良好的性便會降臨。因為當人們肯認此一壓抑之時，人們便能使得兩者含蓄地共存，而那是因為害怕受到嘲弄或歷史中的辛酸阻止我們之中大部分

的人將其並列的：革命與幸福、或是革命與一個不同的身體，更加新穎，更加美麗；或者甚至，革命與快感。以言談反抗諸權力、說出真象並許諾歡愉；將兩者各自與啟迪、解脫及增多的享樂相連；持有一種論述，在其中知識的狂熱、變法的意志及賞心樂事的庭院能相聚首——以上皆支持著我們如此頑強地以壓抑角度談論性；而這也許解釋了為何商品價值不僅被授予所有對它的言談，而且也給予了想要解除此一效果的傾聽。無論如何，我們的文明是唯一的，在其中傾聽個人性隱私的工作者可以收受報酬：彷彿訴說它的興趣和人們期待由其中得到的益處大大地超過了聽取它的可能性，這使得某些人將他們的耳朵出租牟利。

　　但是比此一經濟學因素更進一步的，而且對我來說是根本的，乃是我們的時代存有一種論述，在其中性、真象的顯現、世界律則的翻轉、另一時代來臨的宣告及對於某種至福的允諾，全都連結在一起。宣教講道（prédication）這個古老的形式，在西方它是如此地熟悉又如此重要，它今天的承載者乃是性。自從數十年來，性的偉大布道已在我們的社會中流傳——在其中已有它的巧妙神學家及俗眾之聲：它抨擊了過去的教

團、揭發各種虛偽、為立即和真實頌揚其權利；它使人夢想另一種城邦。且讓我們想到方濟各會修士。並且也讓我們提問，為何那些曾經長久陪伴革命計畫的高昂激情及宗教情懷，在工業化的西方社會中，至少有一大部分已和性連結在一起。

受壓抑的性此一理念因此不只是個理論問題。性在繁忙事業和喜愛計算的布爾喬亞虛偽年代臣服於前所未有的嚴格奴役，對此一論點的肯定，乃是和一個誇張的論述形成對偶，後者的目的是述說性的真象、修訂它在真實中的經濟、顛覆管制它的律則、改變其未來。對於壓制的陳述和宣教講道的形式乃是互相指涉的；它們相互增強。性並未受到壓抑，或更好的說法是性和權力的關係並不是壓抑，這樣的說法所冒的風險是只成為一個貧瘠而無孕育力的悖論。這將不只是對抗一個已廣被接受的主張。這將是違逆著在底下支持著此一主張的整體論述經濟，以及所有論述「利益」（« intérêts » discursifs）。

就在這一點上，我想要置放一系列歷史分析，眼前的這本書同時是它的導論，也像是首度的鳥瞰：辨識一些有歷史意義的重點，並且寫出某些理論問題的草圖。總結地說，這乃是質問一個作為案例的社會，這社會自從一個世紀以來，喧嚷地

抨擊自己的虛偽，以多產的方式談論自己的沉默，堅持細膩地述說它所不說之事，揭發它所運行的權力，並且承諾將由使它得以運作的律則中得到解放。我想作的不只是遍覽這些論述，而且還要檢視承載它們的意志及支持它們的策略企圖。我想要提出的問題並不是：為何我們受到壓抑，而是為何我們會以如此的激情及怨恨，以對抗我們最近的過去、對抗我們的現在及對抗我們本身的方式，述說我們是受到壓抑的？透過怎麼樣的螺旋我們得以肯定性是受到否定的，以明顯的方式展現我們隱藏著它，述說我們對它保持沉默──而這些是以明白道出的詞語來表述，試圖使它以其最裸露的現實被看見，並以其權力及效力的正面性來肯定它？當然下面的提問是正當的，即為何在這麼長的時間裡，性和罪孽會被人連結在一起──而且必須去瞭解這個連繫是如何造成的，但又要小心於不要以廣泛和過快的方式說性受到「定罪」──然而也要提問為何今日我們因為在過去將性當作是罪孽而有如此強大的罪惡感？我們對於我們的性有「對不住」之處，而這是透過什麼樣的路徑達到的？而如此成的一個相當獨特的文明，認為自己長久以來，而且今日仍是如此，對於「性」犯有「罪過」（« péché » contre le sexe），而這是因為濫用了權力？下面這樣的位移是如何產生的：一方面我們宣稱我們已由將性當作是帶有罪孽這樣觀點中解放了，但又要在自己身上加上一條犯有歷史性大錯的罪名，即是想像性有這樣的罪孽性質，並且由此一信念中展開了災難性的效應？

人們應會和我說，如果今日有這麼多的人肯定有過此一壓抑，這乃是因為它在歷史上是不證自明的。而且如果他們如此大量地談論它並且也談了這麼久，那是因為此一壓抑根深蒂固，有其穩定的根源和理由，而它以這麼嚴格的方式壓制在性之上，只是一次的揭發不足以使人由其中解放：這只能是個長程的工作。它需時長久，正是因為權力的特質──特別是那種在我們的社會中運作的權力──便是具壓抑性質的，並且會特別注意於壓制無用的能量、具強度的快感和不符規律的行為。因此，要由此壓抑性質的權力中獲得解放，其效應會慢慢地顯現；自由地談論性，並以其真實來接納它，此一舉動和距今千年以來的歷史是如此地正面抵觸，並且還和權力內在的機制如此地敵對，它在獲得成功之前，不得不長期原地踏步。

我會將之命名為「壓抑假說」（hypothèse répressive），然而，針對它，可以提出三個可觀的質疑。第一個質疑：性壓抑是否的確是個歷史上的明確事實？由初始觀察可以看出的──因而允許形成可作為出發點的假設──是否是由 17 世紀開始，便有一性壓抑體制的劇烈化，或者也許是它的建制化？這是一個特屬於歷史的問題。第二個質疑：權力的機制，特別在我們這樣一個社會中運作的權力機制，它根本上的確是屬於壓抑類型的？禁制、檢查、否認是否便是權力施行的普遍形式，而也許在所有的社會中是如此，但是在我們的社會中一定如此？這是個既屬於歷史又具理論性的問題。最後，第三個質疑：對抗壓抑而起的批判論述，是在阻擋至此未受爭議的權力機制途徑，或是它本身也是同一歷史網絡的一部分，即使它是以將之稱為「壓抑」而告發的（並且無疑是將其喬裝歪曲的）？壓抑的時代和壓抑的批判分析，它們之間真的存有歷史性的斷裂嗎？這是個同時是歷史性和政治性的問題。在導入這三個質疑之時，這裡涉及的不是只有作出相對應的假說，與前說對稱但相反；這裡涉及的不是要說：在資本主義和布爾喬亞社會中，性遠遠不是受到壓抑，而是受益於一個持續自由的體制；這裡

涉及的不是要說：在一個像我們這樣的社會裡，權力比較是寬容而不是壓抑，人們對壓抑所作的批判表面上有斷裂之象，它仍是比它自己更古老的程序中的一部分，而且根據解讀此一程序的特定方向，它顯得像是一段禁制軟化的新插曲，或像是權力的一種更狡猾及更隱微形式。

我想要質疑壓抑假說，其目的比較不是要顯示它是錯的，而是要將其重置於一個性論述的普遍經濟中，由 17 世紀開始，它即存在於現代社會。為何人們談論性，而人們又說了些什麼？在對它談論中，引入了什麼樣的權力效應？在這些論述、權力效應和被它們所投注的快感之間，存有什麼樣的關連？由此出發，形成了什麼樣的知識？簡言之，這裡涉及的是以其運作方式及存在理由，決定權力─知識─快感的體制（régime de pouvoir-savoir-plaisir），而這體制支持著我們社會中關於人類之性本質的論述（discour sur la sexualité humaine）。由此而言（至少就第一作用層次而言），基本上的要點並不太是就性人們說出正面或負面的話，形成禁制或准許，肯定它的重要性或否認它的效用，對於指涉它的用語是否加以精鍊；而是要去考量人們談論它的事實、是誰在談論它們、由何處及持著什

麼樣的觀點來談論它、促發其談論的機構、是何者儲存及傳播人們對它所作的談論，簡言之，關於性廣泛的「論述事實」（le « fait discursif » global）及性的「置入論述」（la « mise en discours » du sexe）。由此出發，重點在於了解是在什麼樣的形式之中、透過什麼樣的管道、滑移入什麼樣的論述，權力可以達致最細微及最個人的行為，是透過什麼的途徑它得以達致慾望那稀少或難以感知的形式，它如何穿透及控制日常快感 —— 所有這些伴隨著的效應可能是拒絕、阻斷、失格，但也可能是鼓動、強化，簡言之，「權力的多樣態技術」（techniques polymorphes du pouvoir）。最後，由此而來，重點並不是決定這些論述生產及權力效應是否導致表述性的真象，或相反地導致目的是將其遮隱的謊言，而是要引出同時是支持它們也是作為其工具的「知識的意志」（volonté de savoir）。

必須良好被理解的是：我並未宣稱由古典時期開始性沒受到禁制、阻絕、遮蔽或看輕；我甚至不會肯定在這時它遭受如上對待會比之前更少。我並不是說性的禁令是個欺騙誘餌（leurre），但下面的作為才是欺騙誘餌：將性的禁令當作是具有根本重要性的，並且是有構成性，因而由它出發，可以寫

出一部現代以來有關性的論述的歷史。所有這些負面元素——防衛、拒絕、檢查、否認——壓抑假說將之統整於一個具中心地位的巨大機制之下，其目的是為了向性說不，但在一套置入論述、權力技術和知識意志之中，它們無疑只是一些局部性和戰術性的零件，而前述的諸項也遠不能化約為這些元素。

總之，我想作的是將分析脫離於通常我們給予稀有性經濟及稀有化原則的特權，相反地，要去找尋各作用元，包括生產論述的（當然此一生產也經營沉默），生產權力的（有時它有禁制作用），生產知識的（它們時常使錯誤及系統性的誤認[6]得以流傳）；我想寫的是這些作用元及其轉化的歷史。然而，只以此觀點而言作的初始鳥瞰，似乎就指出自從16世紀末期以來，性的「置入論述」，遠不是接受了限縮的進程，反而是承受著一種持續增長的鼓動；作用於性之上的權力技術並不遵循嚴格的檢選原則，而是相反地，其原則是散布（dissémination）及植入多形態的性，而知識意志並未停止於一個不能掀開的禁忌，是它不屈不撓地要建構一個性的科學——而且無疑是透過許多錯誤。我現在想要使其以梗概方式顯現的，便是這些動態（mouvements），而這會是在壓抑假說

及其所提到的禁制及排除後方通過，而這會由某些歷史事實出發，它們有著標記（marques）的價值。

6.　　　譯註：法文 méconnaissance 同時有不明瞭及不承認、不接受這兩個意思。

II.
L'hypothèse
répressive

第二章

壓抑假說

L'incitation
aux discours

第一章
論述的鼓動

17 世紀：這應是壓抑時期開端，屬於人們所謂布爾喬亞社會的特點，而我們也許尚未由其中完全解放。為性命名，此時變得更為困難，代價也更高。彷彿為了在真實中主宰它，就必須首先在語言層次將之縮減，控制它在論述中的流傳，將其由所說之物中逐出，並熄滅使其變得過於可感地臨在的詞語。人們說，這些禁制甚至害怕將之命名。連提都不提，現代的羞恥心得到的是人們不談論它，只透過禁制的遊戲將這個指涉到那個：裝聾作啞到後來，透過不說，沉默強加其上。檢查制度。

　　然而，如果以其持續轉化為角度來看之前的三個世紀，事情便顯得非常不同：在性的周圍及以性為對象，［出現的是］一場真正的論述爆炸。在這裡要和讀者良好溝通。的確很可能有過一些受到授權的語彙純化 —— 而這是很嚴格的。的確很可能人們編碼了一整套使用影射及隱喻的修詞法。無疑體面端莊的新規則過濾了字眼：陳述（énoncés）的治理（police[1]）。

1.　　譯註：police 這個字眼在法文中除了警察、治安等意義，比較古老的語意還有「治理」的意思，其字源來自希臘文 polis（城邦、城市），其字源意義為城邦的治理技術。

同時也是陳述動作（énonciations）的管控：人們以更強大的方式界定了在什麼地方和什麼時候是不可能談論它的；在何種情境，介於如何的談話者之間，及在什麼樣的社會關係中；人們於是建立了一些區域，在其中即使不存在完全的沉默，至少要知道輕重及含蓄：比如說在父母和子女之間，或是教師與學生之間、主人與家僕之間。在這之中，幾乎可確定，存有一整套的限縮型的經濟。它整合於此一語言（langue）和言語（parole）的政治之中──一方面是自發的，另一方面則是協同的──並且陪伴著古典時期的社會再分配。

相對地，在論述和其領域這個層次，出現了幾乎是相反的現象。關於性，論述──特定的論述，同時以其形式和對象而各有不同──卻是不停地繁衍：自從 18 世紀開始，一場論述的發酵加速地進展。這裡我所想的比較不是「不正當」論述很可能的增長，這是些破壞禁制的論述，以侮辱和嘲弄新的羞恥感來命名性；端莊體面規則新生的緊縮好像是產生了反效果，使得不當言論產生了價值和強化。然而，基本而重要的，乃是在權力運作的場域裡，產生了性論述的增殖：體制性地鼓動其談論，並且是越來越多的談論；權力作用元素堅定地想聽到它

受到談論，並且是要使它以明確組構和無限累積細節的方式談論自己。

比如在托倫特大公會議（Concile de Trente[2]）之後，天主教傳教士守則（pastorale）及悔罪聖事的演變。曾在中世紀告解手冊中提出來的，種種赤裸的問題逐漸地被遮掩起來，雖然在 17 世紀這些問題仍有許多持續受到使用。人們避免進入這些細節，而在過去像是桑切斯（Sanchez）或譚布里尼（Tamburini）這些人則長期相信如果要進行完整的告解（confession），以下這些問題是不可或缺的：性伴侶各自的姿勢、所保持的姿態、手勢，接觸，快感產生的確定時刻——性行為整體操作本身的整個細膩過程。現在得到推薦的是含蓄，

2.　　　譯註：由 1545 年至 1563 年間舉辦的天主教大公會議，主要是天主教廷為回應宗教改革的籲求而舉辦，義大利北部城市托倫特（Trento）為其主要的主辦地點，其結果為教廷確認展開反宗教改革，而且在法國此會議的結束和宗教戰爭的開始約略同期。

並且這一點是越來越受堅持。有害純潔的罪行必須以最大的保留來面對：「物質上它類似樹脂，它可以被如此地把弄，而且擲開離自身很遠，卻總是能夠產生汙點及把人弄髒[i]。」較晚之後，阿爾封斯・德・黎格里（Alphonse de Liguori）[3]則告戒由「迂迴及有點模糊的[ii]」的問題開始——即使後來要停留於此，尤其是和兒童作告解時。

　　但語言是可以受到精煉的。告白及肉身的告白（l'aveu de la chair）的擴張，不斷地增長。原因是反宗教改革（Contre-Réforme）在所有的天主教國家中施行，加速了年度告解的節奏。因為它試著強行加上自我檢視的細膩規則。但特別是因為它為所有肉身的滲入（insinuations de la chair）給予其在懺悔中越來越高的重要性——也許忽略了其它型態的罪行：思想、慾望、淫樂的想像、興緻高昂、靈魂和身體合一的運動，所有這些從此之後都必須攜帶著細節，進入告解和指導的遊戲中。在新的傳教士守則中，性如果不是謹慎小心地，就不能被提起；但是它的各種面向、關連、效應必須要受到跟隨，並且是進入其最細的脈流——玄想綺思中的一道陰影、一個太慢被趕走的心象、身體機制和心神樂意間難以受到驅除的合謀——所有

這些都必須被說出。有個雙重的演變傾向於使得肉身成為所有罪孽的根源，並且把最重要的時刻由行為本身移置到慾望所造成的騷亂，而它又是如此難以形容及感知的；原因是此一邪惡進攻人的全部，並且是在最祕密的形式之下：「所以，要殷勤檢視您靈魂所有的官能，記憶、理解力、意志。也要精確地檢視您所有的感覺……再來要檢視您所有的思維、所有的言語、所有的行為。甚至檢視直到您的夢，以便知道，醒來之後您是否加以同意……最後，不要以為在這個這麼取悅人又危險的物質中，只有小而輕微的事物。[iii]」一個負有責任且充滿注意力的論述因此必須緊跟著身體和靈魂的結合線，並適應它每一個迴旋：它使其顯現的是，在罪孽的表面之下，肉身未受中斷的脈流。以一個受到精純化的語言為遮蓋表面，性不會被直接提

3.　　譯註：18 世紀義大利天主教主教、宗教作家（1696－1787），也是一位作曲家、音樂家、詩人、哲學家及神學家，其名著包括《道德神學》（*Theologia Moralis*, 1748-1785）。

及，但它受到照顧，就像受到一個論述追蹤著，而且此論述宣稱不會把它留置於陰影也不會給它休息。

這也許是第一次，在現代西方出現了這一個如此特別的指令，它的形式是一種普遍的約束（contrainte）。我在談的，不是必須告白違反和性相關法律的義務，就像是傳統悔罪中所要求的；而是一種幾近無限的任務，內容是去訴說，也是以最可能經常的頻率向自己和另一人訴說，所有不可勝數的快感、感覺及思維的遊戲有關的事物，它們透過靈魂與身體而和性之間有某種親近性。此一性的「置入論述」（mise en discours）計畫，形成於長久之前，內在於苦行和修院的傳統之中。17 世紀使它成為人人必須遵守的規則。人們會說，事實上，它只能運用於一小群菁英；廣大的信眾在一年中只能有少數機會去作告解，他們脫離了如此繁複規則的掌握。但重要的無疑是，對於所有好基督徒而言，此一義務曾被固置為一個理想的端點。一道強制令被設立下來：不只要告解違犯律法之事，而且要尋求使其慾望，全部的慾望，轉變為論述。如果有可能，任何事物不應脫離此一表述，即使其中所使用的字詞應該要細心地中和（neutralisés）。基督教的傳教士守則中的根本責任，乃是將所

有和性有關的事物都放入言語無盡的磨坊之中 [iv]。某些字詞受到禁止、表達方式中的莊重有禮，語彙中所有的檢查制度，相對於此重大的臣服（assujettissement），很可能只是次要的設置（dispositifs[4]）：這是使得此一臣服在道德上變得可以接受，且在技術上成為有用的方式。

我們可以劃一條直線，由 17 世紀的傳教士守則直達它在文學及「犯醜聞的」文學中的投射。全部都要說出，指導者一再重複：「不只是已完成的行為，但也包括感官上的接觸、所有不純潔的目光、所有猥褻的提議……所有合意的思維 [v]」。

4.　譯註：dispositif 這個用語在傅柯 70 年代的思想中開始受到大量的使用，一開始指的主要是權力的物質性作用元素，比如技術、策略、和施行馴服的形式；其最完整的理論化則出現於本書《知識的意志》中有關性的設置的部分。傅柯在本書出版後的 1977 年訪談中說明它是：「一個堅定地異質的整體，包括論述、機構、建築布置、規則決定、律法、行政措施、科學陳述、哲學命題、道德、利他精神，簡言之：說出的和未說出的，這些便是設置的元素。設置本身，也是人們在這些元素間所能建立的網絡。」（Dits et Ecrits, 1994, no. 206, p. 299.）

薩德（Sade[5]）將此指令重新提出，而其措詞像是在重抄精神指導的手冊：「您的述事要具有最多及最廣的細節；對於您所敘述的故事中的激情我們無法判斷其中和道德及人之個性有關的部分，您也不要隱瞞任何微小的情境元素；一點點情境元素也能使我們對您的敘事有所期待 vi」。到了 19 世紀末期，《我的祕密人生》（*My Secret Life*）的匿名作者仍然遵從同樣的誡命：至少在表面上，他無疑是一位傳統的放蕩人物；但他把這一生幾乎全部奉獻於性行為之餘，他也想到用最詳細的敘事複寫其中每一個橋段。有時他會致歉，但仍藉口是以教育年輕人為懷抱，於是把這十一巨冊付印數個版本，其中滿載著他最細微的性冒險、快感和感受；當他在文本以最純粹的命令句敘說時，最好是相信他的真誠：「我敘說的是事實，如同它們發生的情況，如同我能記起的；這便是我能作的全部」；「一部祕密人生不應呈現任何遺漏；我們不應對之有任何羞恥……我們不可能完全認知人性 vii。」為了給他自己對其加以描寫的正當性，《祕密人生》書中的孤獨者常說，他最奇怪的作為也是地表上數千人同樣在作的。然而這些作為中最為奇特的，便是什麼都述說，飽含細節，日復一日，而這原則被放置在現代人心

中已有滿滿兩個世紀。與其要把這位獨特的人物當作是要他閉嘴的「維多利亞主義」有勇氣的逃脫者，我比較傾向將之思考為在一個由大量含蓄及羞恥感的命令主宰的時代中，他乃是已有數個世紀的談論性的戒命最直接的代表，以某種方式他也是其中最天真的代表者。歷史上的意外事件，反而比較是「維多利亞清教徒主義」中的羞恥心；然而在性之置入論述的大進程中，它只是個波折、細緻化、戰術性的轉進。

相較於其女王，這位身分不明的英國人更能作為現代性史的中心人物，而這歷史有一大部分已在基督教的傳教士守則中形成。無疑的，和這守則相反的地方是，當他說出這些細節時，他的感受得到增強；就像薩德一樣，他「只是為了自己的樂趣」而書寫，但這是以此一說法的強烈意義而言；他細心地將他的文本的書寫及檢視閱讀與情色場面相混合，而它們是這些情色場面的重複、延伸及刺激物。不過，終究而言，基督教的傳教

5.　　　譯註：薩德侯爵（Marquis de Sade, 1740-1814）為法國貴族出身的作家、哲學家，以引發醜聞、充滿性虐待情節的色情寫作聞名。

士守則，也尋求在慾望上產生特定的效果，而那只是依憑著，以一種完整及堅持的方式，將之置入論述：這裡要產生的效果無疑是主宰和超脫，但也是精神上的恢復及向神回歸，生理上這是要感受到幸福的痛苦，在身體中感覺到誘惑的咬嚙，及抗拒它的愛。最核心緊要的東西已在此存在。自從三個世紀以來，西方人受拘束於必須對自己的性說出全部；而自從古典時期以來，此一談論性的論述有著持續的增長及增值；而此一細膩分析的論述受到的期待乃是，產生多樣的效果，包括慾望本身的位移、加強、轉向及變動。不只是關於性，可說的領域受到擴展，也逼迫人們一直去聽它；但更重要的是在性上面人們插入了論述（branché sur le sexe le discours），不過依憑的是一套複雜的設置（dispositif），其效果多樣，不能只以它和一個禁制的律則的關係來完全道盡。針對性的檢查制度？被設立的比較是一套在性上面產生論述的機器設施，總是越來越多的論述，並且有可能在其［展布］經濟之中作用及產生效果。

這個技術可能就持續和基督教的精神性相關聯，或是和個人的快感展布經濟相連繫，如果它後來沒有受到其它機制對它產生依靠及對它重新發動。［它們］基本上是一種「公共利

益」。那不是一種好奇心或集體感性；也不是一種新的心智狀態。而是諸種權力機制，對於其運作而言 —— 因為後面有必要再續談的原因 —— 關於性的論述變得根本而不可或缺。將近 18 世紀時，誕生了在政治面、經濟面、技術面談論性的鼓動。其形式比較不是一種關於性的一般理論，而比較是以分析、會計、分類及特定化的形式，以進行量化研究或因果研究的形式。將性納入「記帳」，對它持著一種不只是道德的，而是充滿合理性的論述，這樣的一種必要性因為過於新穎，使得它在一開始對自己感到驚訝，並且要為自己請求原諒。一個理性的論述可能如何地談論它呢？「對於這些界於令人噁心和感到可笑之間的事物，哲學家過去甚少將其穩定的眼光置於其上，在這裡必須同時避免虛偽及醜聞 [viii]。」大約一個世紀之後，醫學談論它時應是不會那麼驚訝，但仍是在談論它時顯得腳步跟蹌：「含罩著這些事實的陰影、它們所引起的羞恥及噁心，曾使它們遠離觀察者的目光……我曾長時間猶豫是否要將使人厭惡的景象納入此一研究中 [ix]……」核心的事物不是這些審慎，它們所洩露的「道德主義」或是其中可以令人起疑的虛偽。而是在於眾所公認必須克服凡此種種的必要性。性必須被人們談

論，人們必須公開地談論它，且其方式不是根據它的合法或不合法的分界來談它，即使談話者本身維持著這個分野（這裡顯示出這些莊嚴的開篇聲明之用處）；人們必須談論它，像是一個不只是要譴責或寬容的事物，而是要加以經營（gérer），將它塞入一個實用的系統中，以所有人的最大幸福來調節它，使它以達致最大優化的方式運作。性不只是受到判斷，而且也遭受行政管理。它是公共力量的運作範圍，它呼喚著經管的程序；它必須受到分析性論述的處置。在18世紀，性成為和「治理」（police）相關的事項。但這字眼應以其飽滿及強烈的意義來使用——並不是失秩的鎮壓，而是集體和個人力量有序的增長：「以規範的明智來肯定及增加國家內部的力量，但由於此一力量不只形成於廣泛的共和國整體，也來自每一個組成它的成員，更在於所有屬於它的人民的能力和才華，那麼治理單位必須負起處置這些手段的完整責任並使它們服務於公眾的幸福。然而，它達到此一目標的手段只能透過它對這些優勢擁有的知識 [x]。」性的治理：這並不意謂一種禁制上的嚴格，而是以有用的和公眾性的論述來調節性。

以下只是略舉數個例子。18世紀權力技術中的重大新穎

之處之一，便是「人口」（population）作為一個經濟和政治問題出現：人口作為財富、人口作為人力或勞動力，人口在其本身的增長和其所擁有的資源之間的平衡。各個政府感知到他們要面對的不只是單純的臣民、或甚至是一群「人民」（peuple），而是一筆「人口」，它自有其特定的現象和特定的各種變項：出生率、發病率、年壽長度、生育力、健康狀態、生病的頻率、滋養和居住的形式。所有這些變項和生命特有的運動及機構特定的效力相交會：「國家的人口不是因為自然成長而擴張，而因為其殷勤事業、生產勞作及各種機構……人們就像地上的作物一樣增長，並和其工作所能獲得的優勢及資源成正比[xi]。」位於人口的經濟與政治問題核心的，便是性：必須分析出生率、結婚年齡、合法出生或非法出生、性關係的早熟或頻率、使它可以有助生產或節育的方式、獨身或禁令產生的效果、避孕行為的影響——這些著名的「幽暗祕密」，在大革命之前，人口學家們知道它們在鄉村中早已為人熟知。當然，人們長期以來確信一個國家如要富強，就要有豐富的人口。然而這至少是第一次以堅定持續的方式，一個社會肯定其未來和命運不只和其公民的數目及德性相關，也不只和他們的婚姻規則及家庭組織

相關，但也和其中每一個人如何運用其個人的性相關。富人、獨身者及自由不拘者沒有果實的放蕩荒淫，過去曾是儀式性的悲嘆對象，承接它的則是一種論述，在其中人口中的性行為變成既是分析對象，也是介入的標靶；由重商主義時期大量增加人口的主張，過渡到更細緻更良好計算的種種調節企圖，而它根據增加出生或減少出生的主張變動其目標和緊急性。透過人口的政治經濟學，形成了一整套對於性的觀察框架。由此產生了性行為的分析，涉及它們如何受到決定以及它們的效用，界於生物學和經濟學的邊緣。也出現了這些系統性的運動，它們超越傳統的手段——道德及宗教勸說、稅務措施——設法使得兩人間的性行為，成為協合的經濟和政治行為。19 及 20 世紀的種族主義，也會在其中找到一些它們的錨定點。國家知道它的公民的性以及他們如何使用它，但在此之外，也要其中的每一位能控制他對性的使用。在國家與個人之間，性已成為一個關鍵要點，一個公共的關鍵要點；一整個網絡的論述、知識、分析和命令都投注其中。

　　對於兒童的性也是如此。人們經常說，在古典時期它被隱藏於陰暗之處，在《性學三論》（*Trois Essais*）[6] 或小漢斯 [7] 有

益的焦慮之前，兒童的性一直都沒由其中脫離。的確，在兒童和成人之間，或是在小學生和其老師之間，某一種古老的語言「自由」可能已經消失了。像伊拉斯謨斯（Érasme）那樣在其《對話錄》（*Dialogues*[8]）中給予弟子選擇一個好妓女的忠告，到了 17 世紀已沒有任何一個教師會公開地那樣作。而那似乎在各社會階級中，曾經長久陪伴兒童早熟性發展的喧鬧笑聲，也已逐漸地平息。但這並不是換來一個純粹而簡單的陷入沉默。接著出現的，比較是新的論述體制。相反地，人們並不談論更少。而是以不同方式談論；談論它的是不同的人，由不同的觀點並且期待得到不同的成效。沉默為上的本身，人們拒絕

6.　　譯註：這裡指的是 1905 年佛洛依德所出版的著作，法譯全名為 *Trois essais sur la théorie sexuelle*，其中包括性倒錯、兒童性慾及青春期這些主題的探討。

7.　　譯註：1908 年進行，1909 年出版的首次兒童精神分析案例，初次將佛洛依德的兒童性慾理論加以運用。

8.　　譯註：Didier Erasme（1466-1536），歐洲文藝復興時期的人文主義者，生於鹿特丹、卒於瑞士巴塞爾，有多部著作採取對話錄形式。

談論的或禁止提起名字的事物，在某些談話者之間必須要保持的審慎，比較不是論述的絕對界限，由一個嚴格的邊界線所分開的另外一邊，而是在被說出來的事物之旁，在一整群的策略中和它在一起，並相對於它作用著的元素。在人們所說和所不說的之間，毋須作出二元的分辨；要作的是決定不同的不說的方式，可以說它和不可以說它的人是怎麼分布的，對於他們彼此，什麼樣的論述受到允許，而什麼樣的含蓄不語又是被要求的。不是只有一種，而是有多種的沉默，它們是在底下支撐並穿越論述的各策略整體的一部分。

比如以 18 世紀的中學為例子。整體來說，人們會覺得在其中，性實際上完全不受談論。但是只要看一眼它的建築設置、紀律（disciplines）規範及整體的內在組織：這其中不停地涉及和性相關的問題。建構者有想到它，而且是以明顯的方式。組織者則是恆常地將之納入考慮。所有部分權威的擁有者都處於持續的警報狀態之下，而其中的布置、謹慎防範、處罰和責任的遊戲則不斷重新將之發動。教室的空間、桌椅的形式、課間休息中庭的布置方式、寢舍分布方式（有沒有分隔牆，有或沒有簾幕），對於就寢和睡眠的監管規定，所有

這些都以一種最冗長的方式指涉著兒童的性 [xii]。人們可以將之稱為是機構的內在論述的 —— 它對自己所陳述的，以及在使它運作的人物之間流傳的 —— 其中有一大部分，其組構便是建立於此一早熟的、活躍的及持續的性是存在的觀察。但還有更多：在 18 世紀中，中學生的性 —— 以相較於一般的青少年是特別的方式 —— 曾成為一個公共問題。醫生們對機構負責人及教師們提意見，但也給家庭忠告；教育家們擬定計畫，向當局提案；教師們則轉向學生，向他們作建議，並且為他們撰寫勸勉之書，其中也提供道德及醫學的範例。圍繞著中學生和他的性，繁榮成長著一整套文獻，包括相關勸戒、意見、觀察、醫學建議、臨床個案、改革方案以及理想機構規畫。由於巴斯道（Basedow[9]）和德國「汎愛」運動（mouvement "philantropique"），青少年的性之置入論述得到了可觀的發展。薩爾茲曼（Saltzmann）甚至組建了一座實驗學校，其特點便

9.　　譯註：Johann Bernhard Basedow（1724 – 1790），啟蒙時期德國教育改革家，於 1774 年創立泛愛學校（Philanthropinum）。

是性受到如此構思良好的控制和教育，使得年輕人普遍會犯的罪過在此應該永遠不會被實現。在所有受實施的措施中，兒童不應只是作為成人之間協調照料的沉默及無意識對象，人們在他們身上強加某種有理性的、有限的、經典的而且真確的性論述──像是某種具論述性質的矯正術。1776 年 5 月在「汎愛學校」（*Philanthropinum*）所舉辦的大型慶典可以作為一個具代表性的說明。它的形式是混合的，包括了考試、花的遊戲、頒獎及修改建議，中學生之性與理性論述首次的莊嚴結合。為了展現已給予學生們成功的性教育，巴斯道邀請了德國當時的所有顯貴人物（哥德 [Goethe] 是其中少數受邀但婉拒的一位）。在聚集的眾人面前，由渥克（Wolke）代表教師向學生提出有關性、生產及繁殖的神祕特選問題：他請學生們評論畫有一位孕婦、一對男女及一張搖籃的版畫。回應是受到啟蒙的、並沒有矯揉造作。沒有任何惡意的笑聲打擾他們──除了那些來自成人觀眾的，他們比小孩更孩子氣，受到渥克嚴厲地制止。大家最後為這些兩頰豐腴的男童們鼓掌，他們在成人面前，以知識技藝精湛地將論述和性編織為花圈 [xiii]。

　　以下的說法將是不準確的：教學機構大量地將沉默強加於

兒童和青少年的性之上。它所作的其實相反，自從 18 世紀，針對此一主題增多了各種論述形式；它為性增設各種不同植入點（points d'implantation）；它為內容編碼，也建立了談話者的資格。談論兒童的性，使教育者、醫師、行政管理者及家長們談論它，或者是和他們談論，使得兒童們本身言說，並將他們塞入一個論述的網絡，後者有時和他們述說，有時談論著他們，有時向他們灌輸經典知識，有時則由他們出發形成一門知識，但此知識又不能為他們所掌握——所有這些允許權力的強化及論述的增生能相互連結。自從 18 世紀以來，兒童及青少年的性已成為一個關鍵重點，圍繞著它，無數的機構性設置及論述策略被布置了出來。很可能人們把某些談論它的方式由兒童及青少年那裡撤離；這些被視為是直接、無修飾及粗野的。但這只是一些代價，也許是條件，如此其它的論述才能運作，它們是多樣的、相互交錯的、有微妙的品秩關係，而且全部都圍繞著一個權力關係網絡強烈地組構著。

我們還可以提出其它的許多作為焦點的地帶，它們自從 18 或 19 世紀開始便活躍地引發關於性的論述。首先是醫學，它的中介是「神經疾病」（maladies de nerfs），接著是精神醫

療，當它開始由「過度」（excès），然後是自慰、接著是不滿足，之後是由「生殖的作弊」這端來尋找精神疾病的病因學，最後是它將性變態的整體併吞下來以作為自己的領域；刑法也一樣，曾經長期地和性相關，特別是以「不正常」或反自然犯罪的形式，但在 19 世紀中期時，它也收納小型侵害、微小妨礙、不重要的變態等輕罪的審判；最後是這些上個世紀末所發展的社會控制，它們為夫婦、父母、孩子、危險的青少年和處於危險的青少年過濾性——進行保護、分離、警告、到處標誌著危險、提醒注意、呼籲診斷、堆疊關係、組織治療；環繞著性，它們發散著論述，強化一個不間斷危險的意識，而如此又鼓動著一輪對它的談論。

拉普庫村（Lapcourt）的一位農工，有點心智單純，他在不同的農家裡按季節找工作，又靠著慈善事業在各處獲得食物供應，願意作最壞的活，睡在穀倉及馬廄裡。1867 年的一天，他被告發了：在農田旁，他由一位年輕女孩那獲得了一些撫摸，就像他過去曾作的，曾經看到其發生的，像是他身邊村裡的男孩所作的；是在由樹木構成的邊界，或是在通往聖尼可拉的路邊坑洞，人們玩著所謂的「凝乳」（lait caillé）的遊戲。後來

女孩父母親向村長告發，並由村長向警察揭發，後來由警察將他帶至法官處，法官將他定罪，帶他去看第一位醫生，接著是另兩位專家，他們寫了報告，將其出版 xiv。這故事的重要之處？正是因為這故事原本是枝微末節；村子裡日常的性，灌木林裡微小的快樂，由某些時候開始，卻能成為不只是群體的不寬容的對象，也是司法行動、醫學介入及仔細的臨床檢查，以及一整套理論形成的對象。重點在於，這樣的一位人物，在此之前是村子裡生活完整的一部分，人們花力氣測量他的頭顱、研究他的面骨結構，檢查他的解剖狀況以找出可能的退化記號；人們使他說話，人們盤問他的思維、傾向、習慣、感覺、判斷。人們最後決定，他已付清其不法罪責，將他當作醫學和知識的純粹對象——這對象要探索到其生命終結，那是在馬哈維爾（Maréville）醫院中，但也是要透過細膩的分析讓科學的世界能認識它。我們可以打賭說，在那時代，拉普庫村的小學老師教導小村民要精純其語言，並且不能高聲談論這些事情。然而這無疑是條件之一，如此知識和權力的機制才能在這齣每日發生的戲劇之上覆蓋它們莊嚴的論述。對於這些無可考時代傳下的手勢、對於這些在簡單心智和已醒覺的兒童間交流的快

感，而且那幾乎說不上是偷偷摸摸的，我們的社會可是投注了一整套的論述機器，分析它和認識它──而那無疑是史上第一個如此作的社會。

英國的自由無拘者，堅毅地為他自己書寫其祕密人生的獨特點，而他的當代人，村子裡的這位傻子，給了小女孩幾塊錢以便使她給他一些較年長的女人拒絕給他的好意，這兩人之間無疑有某種深沉的連結：由一個極端到另一個極端，無論如何，性已成為一個要被訴說的事物，而且根據多樣且各有其限制樣式的不同的論述設置，都要無遺漏地訴說。洞察入微的告白或權威性的盤問，不論是精緻的或鄉村風格的，性都要被訴說。一個偉大且多樣的命令降臨英國的匿名者身上，也降臨於可憐的洛林省農民，歷史的偶然使他名為朱易（Jouy[10]）。

自從 18 世紀以來，性便不停地激發一種普遍化的論述興奮。而且這些談論性的論述並不是在權力之外或因對抗權力而增生；它們是在權力運作之處，並且是作為它運作的一種手段；到處都布置出多多去談論它的鼓動，到處都是聆聽它及記錄它的設置，到處都是觀察、詢問和表達它的程序。人們把它由隱藏處逼迫出來，並且逼使它擁有一個論述性的

存在。由獨特的命令強使每個人的性成為一番持續不停的論述，到多樣的機制，由經濟、教學、醫學、司法各層面鼓舞、抽引、布置、機構化性的論述，這是一個龐大的冗長絮語，我們的文明要求它並組織它。也許沒有其它任何一個型態的社會，在一段相對如此短的歷史中，曾經聚集如此大量談論性的論述。關於它，很有可能我們的談論比其它事物都多；我們熱衷於此一任務；我們以一個特異的小心謹慎自我說服我們對此說得永遠不夠，我們太膽怯害怕，因為惰性和臣服自我遮蔽了明白如青天的證據，而根本重要的事物總是脫離我們掌握，但仍必須要出發加以尋找。關於性，最不能滿足，最不具耐性的，可能便是我們的社會。

然而此一初始的鳥瞰即顯示：這裡涉及的比較不是一個關於性的論述，而多樣的一群論述，它由在不同機構中運作的一系列機制產生。中世紀曾圍繞著肉身的主題和悔罪的實

10.　　　譯註：Jouy 和法文中的 jouir（享樂、到達性高潮）發音接近。

踐，組織了一個強烈一元化的論述。在最近這幾個世紀裡，這相對的統一已經解體、分散、多方發展，爆炸性地成為可以各自區分的論述性（discursivité），其形式有人口學、生物學、醫學、精神治療、心理學、道德、教學法、政治批判。更好的說法是：將色慾的道德神學和告白的義務相連的堅定連結（其兩端是性的理論性論述和它的第一人稱表達），這個連結如果說沒有斷裂，至少也是鬆弛和多樣化了：在將性客觀化於一合理性的論述，以及必須述說自己的性的個人義務之間，自從18世紀以來，產生了一整個系列的緊張、衝突、適應的努力、重新轉寫的企圖。因此，不能以簡單持續擴展來談此一論述的增長；這裡應要看到的，毋寧是一種持有這些論述的焦點地帶的分散，它們形式上的多樣化及將其連結的網絡複雜的展布。與其說有一想要隱蔽性的單一化憂慮，與其說存有一個語言上普遍的假害臊，在我們最近三個世紀中留下印記的，毋寧是多樣性、發明來談論性的機器的廣大分散，除了談論它之外，也是使人談論它，使它談論它自己，聆聽、記錄、抄寫及重新傳布被說出的談論。圍繞著性，乃是一整個網絡的多樣化、特定化及強制化的置入論述：自從

古典時期強加了言詞上的莊重，便產生了一個龐大的檢查制度嗎？這裡涉及的毋寧是對於論述有規則的及多樣的鼓動。

人們無疑會以下面這樣的論點反駁我：如果談論性，需要有這麼多的刺激及這麼多的強制機制，這正好是因為，以一種全面性方式，某種根本的禁制主宰著；只有明確的必要性──經濟上的緊急性、政治上的實用性──才能解除這個禁制，並使性論述向一些使用開放，但那總是受限及被仔細編碼的；對性作如此多的談論，布置出如此多的堅定的設置以使人說它，但那是在嚴格規定的條件之下，這些不是正好證明它是處於祕密之下，而人們尋求仍將其保持如此？然而，必須要作的也是去質問此一經常出現的主題，它認為性是在論述之外，只有解除障礙，掀開祕密，才能打開一條通達至它的道路。這主題不也是使論述產生的指令的一部分？不正是為了鼓動人們說它，便閃耀地提出它，放置它於所有現存論述的外部界限，像是一個必定要由隱身處被迫出的祕密──因為濫權而被化約為沉默，然而說出它同時是困難及必要的，危險而珍貴的？不可忘卻基督教的傳教士守則，為了使性成為最必須被告白的事物，總是將它呈現為一個令人憂慮的謎：它不是堅持要露出之物，

而是一種到處隱藏，狡猾陰險的存在，而且它的語聲壓低並且經過易容，人們有無法聽聞的風險。性的祕密無疑不是一個根本且重要的現實，但所有針對它的談論鼓動都相對於它——它們或者是要破壞此一祕辛，或者是以一種陰暗的方式在說它之時又把它重新帶入。這裡涉及的毋寧是一個作為這些鼓動整體的一部分的主題：對於說它的要求給予其形式的方式，對於性論述無止境擴展的展布經濟而言一篇不可或缺的寓言。現代社會的特點，並不是它要使得性留在陰影之中，而是它獻身於一直訴說它，並且以將它當作**最重要**祕密來突顯它。

i. P. Segneri，《懺悔者的教導》（*L'Instruction du pénitent*），1695 年譯本，頁 301。

ii. A. de Liguori，《告解者實務》（*Pratique de confesseurs*）（1854 年法譯本），頁 140。

iii. P. Segneri，如前引，頁 301-302。

iv. 改革新教中的傳教士守則，雖然是以較含蓄的方式，也提出了性之置 入論述的規則。這部分將在本書下一卷中發展，題名為《肉身與身體》 （*La Chair et le corps*）。

v. A. de Liguori，《第六誡律教誨》（*Préceptes sur le sixième commandements*）（1835 年譯本），頁 5。

vi. D.-A. de Sade，《索多瑪一百二十天》（*Les 120 journées de Sodome*），éd. Pauvert, I，頁 139-140。

vii. 匿名，《我的祕密人生》（*My Secret Life*），Grove Press 重印版， 1964。

viii. Condorcet，引自 J.-L. Flandrin，《家庭》（*Familles*），1976。

ix. A. Tardieu，《禮俗破壞的法醫學研究》（*Études médico-légale sur les attentats aux moeurs*），1857，頁 114。

x. J. von Justi，《治理通論》（*Eléments généraux de police*），1769 年譯本，頁 20。

xi. C.-J. Herbert，《論穀物的一般治理》（*Essai sur la police générale*

des grains）（1753），頁 320-321。

xii.　《中學管理規則》[Réglement de police pour les lycées][1809]，
「第 67 條，在課堂及自修進行的所有時刻，都會有一位研讀導師在
外面監看，以防止學生因為需要外出、停頓或是群聚。
第 68 條，晚禱之後，學生們將被護送至宿舍，老師們會讓他們立即
就寢。
第 69 條，老師只有在確認所有的學生都已在床上以後才能就寢。
第 70 條，床以高二公尺的隔牆相間隔。宿舍夜間將會保持照明。」

xiii.　J. Schummel，《弗列茲的達紹之旅》（Fritzens Reise nach
Dessau）（1776），轉引自 A. Pinloche，《十八世紀德國教育改革》
（La Réforme de l'éducation en Allemagne au XVIIIe siècle）（1889），
頁 125-129。

xiv.　H. Bonnet 與 J. Bulard，《Ch.-J. Jouy 心智狀態的法醫學報告》
（Rapport médico-légal sur l'état mental de Ch.-J. Jouy），1868 年
1 月 4 日。

L'implantation perverse

perverse

第二章
植入變態

可能的反對意見：論述的此一增生，如果只將其看作是量化現象和單純的增長將會是錯誤的，彷彿那和說了些什麼是無關的，彷彿只是談論它的事實本身比人們用命令式的形式來強使人談論它更為重要。原因在於，此一性的置入論述，其任務並不是要把不符合嚴格生殖經濟的各種性形式由現實中驅趕出去：向不會有孕育力的行為說不，一方面放逐快感，也減縮或排除所有不與繁衍有關的實踐？透過如此眾多的論述，人們增生許多對於小型變態（petites perversions）的司法定罪；把性方面的不規則納入心智疾病；由童年到老年，定義出性發展的常態（norme）並且細心地描述所有可能的脫軌（déviances）的特性；組織了教學面的控制及醫藥治療；圍繞著最微小的幻想，道德學家們，但醫師們也如此而且特別是他們，重新聚集了一整套有關可憎事物的誇張字彙：那麼如此多的手段被施展出來，不正是為了消滅不帶來果實的快感，而有利於集中在生殖上的性傾向？兩三個世紀以來，所有這些不停述說的注意力，圍繞著性的喧囂，不正是受到一個基本的憂慮所支配：確保人口繁盛、再生產勞動力、護送社會關係的形式；簡言之，即布置一種經濟上實用而政治上保守的性形式？

我不知道是否最終這便是目標。但無論如何人們絕不是試圖透過減縮而達到它。19 世紀和我們的世紀比較是增生的時代：性傾向的分散、它分別多樣的形式得到加強，多種多樣的「變態」受到植入（implantation）。我們的時代是性異質的肇始者。

　　直到 18 世紀末期，性行為受到三大明文法典規範 —— 這是在習慣的規則性和輿論的限制之外的 —— 包括教會法（droits canoniques）、基督教傳教士守則（pastorale）及民法。它們以其各自的方式劃下合法與不合法的分界。然而，那時它們都是集中於婚姻中的〔性〕關係：夫婦間的義務、完成它的能力、遵循的方式、陪伴著此關係的要求和暴力、將其作為藉口的不實用和不應該的愛撫、它的孕育力和使得它不具繁殖力的方式、要求它的時刻（懷孕和餵奶的危險時期、封齋期或禁慾期的禁制時段）、它的頻率和稀少性 —— 在此充滿了各種指示（prescriptions）。規則和建議縈繞著夫妻間的性。婚姻關係乃是各限制聚集的焦點所在：人們那時談論的主要是它；比起其它的關係，它更是需要以布滿細節的方式告白的。它是主要的監控對象：如果有缺乏，它便需要展示出來，而且是要在見證

者之前演示。「其餘的」就存留於大量的含混不清中：比如可想到是「雞姦」（sodomie）不明確的地位，或是面對兒童性慾的漠不關心。

更進一步地說，這些不同的法典並不明白劃分婚姻規則的破壞及相對於生殖而產生的脫軌。破壞婚姻中的律則和尋訪怪異的快感都是要被定罪的。在重要的罪行清單中，只以其嚴重性來區分，便可看到有淫行（婚外性關係）、通姦、強暴、精神上或肉體上的亂倫、但也有雞姦、或相互的「愛撫」。至於法庭，它可以判罪的有同性性愛及不忠誠、未受父母同意的結婚或人獸交。宗教界和世俗界一樣，受考量的是整體的違法。無疑地，「反自然」（contre-nature）是被標記為特別可憎的事物。但它只是被感知為一種「違反律則」的極端形式；它也是違背教規和法令（décrets）的——比如與婚姻相關的如此神聖的教規和法令以及為了維持事物和人間秩序而建立的相關規定。針對性所作的禁令，根本上是司法性質的（juridique）。有時作為其支撐的「自然」仍是某種法律（droit）。長期以來，雌雄同體即是罪犯，或是罪犯的後代，因為他們解剖上的組成、它們的存在本身，使得對性別作的區分和指定其結合方式

的律則產生混淆。

對於此一集中於合法結合的系統，18 及 19 世紀論述的爆炸性發展使它產生兩個變動。首先是對異性愛單偶制的離心運動。當然行為和快感的領域仍然以它為內部規範。但人們對它越談越少，而且是以不斷增長的節制。人們放棄尋求它的祕密；不再要求它一日又一日地自我表述。合法夫妻間的合規則性事，可以享有受到更多含蓄保留的權利。它傾向作為一個常態範式（norme），也許比較嚴格，但也比較沉靜。相對地，人們所提問的對象，乃是兒童的性慾，以及瘋人、罪犯的性傾向；那也是不喜歡另一性別者的快感；幻想、執念、小怪癖及大狂怒。過去幾乎看不到的這些人物，現在走向前台，開始說話並且對自己是如何的作出困難的告白。人們無疑對它們並不作更少的譴責。但人們對之加以聆聽；而且當人們重新提問合規則的性，乃是要透過一個回流運動，由邊緣的性傾向出發。

由此出現了，在性的場域中，受抽引而出的一個「反自然」的特定向度。相對於其它被定罪的形式（而且它們越來越少），比如通姦或強暴，它們有其自主性：迎娶近親或實行雞

姦，誘惑修女或有虐待狂行為。對太太不忠實或強姦屍體，變成了根本上不同的事物。由第六誡命所籠罩的領域開始分崩離析。在民法領域中，過去混淆不清的「荒淫無序」這個範疇也開始崩壞，過去在超過一個世紀的時間，它都是作行政禁閉最常見的理由之一。由這些碎片中升起的，一者是違反婚姻或家庭的立法（或道德），另一者則是破壞了自然運作的規律性（而法律也可處罰此一破壞）。這裡也許是為何唐璜（Don Juan[1]）的威望經過三個世紀沒有衰弱的原因之一。作為婚姻規則的大破壞者——偷情女人、誘惑處女、家庭之恥和丈夫及父親的侮辱——在這人物背後，顯露出了另一個人物：一位也許非意願性地穿越了性的陰暗瘋狂的人物。在浪蕩子之下的，是位變態者。他刻意打破律則，但同時有一個像是迷了路的性情將他遠遠帶離所有的自然；他的死亡，乃是攻擊和制裁以超自然方式的回歸，並交會著朝向反自然的逃離。西方所曾接續構思來支配性的兩大系統——聯姻的律則及慾望的類屬——唐璜的存在於兩者共同的邊界上出現，並將兩者都加以推翻。他是同性戀、自戀或是性無能，這可留給精神分析去探討。

雖然不是沒有緩慢和曖昧，婚姻制度的自然法則及性

傾向的內在律則開始銘刻於可明白區分的記載領域裡。一個變態的世界一點一滴地出現了，它和違反法律或道德的世界維持著切邊的關係，但也不是它的單純變奏。一整個的小小人群誕生了，雖然不是沒有親緣關係，但和古老的放蕩不拘（libertins）有所不同。由 18 世紀末期到我們的世紀，他們在社會的間隙中游走，受到法律的追逐但不總是如此，受到禁閉但不總是在監獄中，也許被視為病人，但他們是造成醜聞及具危險性的受害者，是一個怪異的惡痛（mal[2]）獵物，而那也有惡德（vice）之名，有時則名為輕罪（délit）。過度啟蒙的兒童、早熟少女、曖昧中學生、可疑的僕人或教師、殘酷或躁狂的丈夫、孤獨的收藏家、懷著怪異衝動的散步者：他們縈迴於操行會議、矯正所、悔改院、法庭及療養院；他們把其無恥行為帶到醫生跟前，也把其疾病帶到法官面前。這

1. 譯註：由 17 世紀開始大量出現於歐洲文藝術作品的「情聖」人物。

2. 譯註：法文此字同時有邪惡及痛苦兩個意思。

是由變態者組成的無數家庭，它與輕罪犯人相鄰，並和瘋人有親緣關係。他們在整個世紀裡更換其配戴的標記，接續是「道德瘋狂」、「生殖的神經質症」、「生殖方向的繆誤」、「身心衰退」或「心理失衡」。

　　所有這些邊緣性傾向的出現代表了什麼？它們可以出現於光天化日之下的事實是否是代表規則放鬆的訊號？或是人們對它投以這麼多注意力，證明出現了一個更嚴格的體制，並且有想對它作更精確管控的不安？以壓抑而言，事況則顯得曖昧。如果想到十九世紀有關性方面微罪的法典嚴格度得到相當的放鬆，那是寬大；但司法放手不管的，乃是交手給醫學。然而如果我們想到在教學和醫療中設立的所有管控單位和監控機制，那是補充嚴格性的狡猾之舉。很有可能教會對於婚姻中的性形式所作的介入及它對生殖「作弊」的拒絕，自從二百多年以來已不再那麼堅持。但強力介入兩人間快感的，乃是醫學；它發明了一整套組織的、功能的或心智的病理學，而它是生自「不完整的」性作為；它細心地分類出所有相關快感的形式；它將它們整合於「發展」及衝動的「紊亂」；它進行了它們的組織管理。

重要的也許不是寬容的程度或壓抑的數量；而是在於施行權力的形式。這是要將這一整群分散多樣的性傾向植被由真實中排除（exclure）出去嗎，就如同為了使它解除時，人們所用的字眼？然而這其中運作的權力，其功能看來並不像是禁制。這其中涉及的有四種操作，它們都和單純禁止相當不同。

1. 比如近親婚配的古老禁制（不論它的數量如何多，性質如何複雜）或是通姦的定罪，它們有其特定的出現頻率；但是另一方面則是，自從 19 世紀起，對於兒童性慾所投入的晚近控制，目標是在驅逐其「孤單時的習慣」。這顯然不是涉及到同樣的權力機制。不只因為此處事涉醫學，而另一方是涉及法律；此處是訓練，另一方是處罰；而是因為其中運用的戰術（tactique）是不同的。表面上，這裡涉及的任務是總註定會失敗的去除以及總要重新開始的限制。但「亂倫」的禁制，其鎖定的目標乃是它所譴責的對象漸進的

（asymptotique）減少：兒童的性慾，其管控目標同時是此控制權力本身及其施行對象的擴散。它進行的方式是雙重的無限增長。教育家和醫生的確曾把兒童的自慰當作是一個要被消滅的傳染病一般地戰鬥。事實上，這個圍繞著兒童性慾數以百年計的戰鬥曾動員了整個成人世界，在其中涉及的乃是以這些微小的快感為支撐，將它們形構為祕密（也就是逼使它自我隱藏，以便之後可以作出它們的發現），循線索上溯，由源頭跟隨至效果，追蹤所有可能使它們出現或只是允許它們的事物；在任何它們可能出現的地方，人們建立起監控設施，設下可以逼出告白的陷阱，強加上滔滔不絕及矯正性質的論述；父母及教師們收到警示，他們被撒播懷疑，認為所有孩子都是罪犯，而如果他們不能足夠地加以懷疑，那麼他們自己都是罪犯；面對此一再出現的危險，他們必須保持警覺；他們收到行為的告誡，並且重新編碼其教學法；一整

套醫學—性體制的掌握點被錨定於家庭空間中。兒童的「惡習」，與其說是個敵人，毋寧是個載體；人們大可將其指稱為一個要加以消除的罪惡；但必然失敗，對於一個相當無用的任務作極端的堅持，使人懷疑其實人們要求的是它持續存在，在可見和不可見的邊緣增生，而不是永遠地消失。順沿著這個支撐，權力向前邁進，增加其中繼站和效力，而在此同時其標的擴延、分裂及產生分枝，和它以一樣的步伐深入於真實。這裡涉及的，在表面上是個阻攔的設置（dispositive de barrage）；事實上，圍繞著兒童所布置的，乃是一些未明確定義的**穿入線**（*lignes de pénétration*）。

2. 針對邊緣性傾向的此一追獵，產生出**變態的歸併**（*incorporation des perversions*）和**個人的新型特殊化**（*spécification nouvelle des individus*）。（在古老的民法和教會法中）雞姦乃是一種被禁止

的行為；它們的施行者只是作為司法上的主體（sujet）。19 世紀的同性戀者則轉變為一位人物（personnage）：有一段過去、一段歷史和童年、性格及生活形式；也有特定的形態學，一個不受隱藏的解剖特徵以及也許是神祕的生理學。在他是其所是的全體中，沒有一項不受他的性傾向所影響。在他內部各處，此性傾向是臨在的：隱藏在他所有的行為之下，因為它乃是其中狡猾的原則，但又無限地活躍；無羞恥地銘刻在其臉孔和身體上，因為它是一個一直會被顯現的祕密。它和他是同質異體的，比較不像是個習慣中的犯罪，反而像是個獨特的性質。不要忘記同性戀的心理學、精神醫療和醫學範疇乃是在它的特性受到彰顯時構成的 —— 魏斯特法爾（Westphal[3]）於 1870 年發表的著名文章，主題為「倒錯性感受」（sensations sexuelles contraires），可以被當作其出生日[i] —— 比較不是依據某種性關係的類型，而是依據性感受中的某種特質，某種在自己身體裡

顛倒的男性和女性特質。當雞姦的行為被壓平並疊合於一種內在的兩性畸形，一種靈魂的雌雄同體，同性性愛顯得像是性傾向的形象之一。雞姦曾是一種再次墮落（relaps），而同性戀現在則是個類種（espèce）。

對於這些小變態的類種，19 世紀的精神科醫師曾依昆蟲分類學的精神給它們奇特的洗禮命名：其中有拉席格（Lasègue）的曝露狂、比內（Binet）的戀物癖者、克拉夫特—艾賓（Krafft-Ebing）的戀獸狂（zoophiles）和獸姦者（zooérastes）、羅勒德（Rohleder）的自我—單一性別傾向者（auto-monosexualistes）；之後還會有視淫

3.　　譯註：Karl Friedrich Otto Westphal（1833－1890），十九世紀德國精神治療師。他創生了廣場恐懼症（agoraphobia）一詞。傅柯所提的論文為其 "Die conträre Sexualempfindung, Symptom eines neuropathischen (psychopathischen) Zustandes"，於 1870 年出版於 *Archiv für Psychiatrie und Nervenkrankeiten*。

戀者（mixoscopophiles）、男性胸部異常漲大（gynécomastes）、愛戀老人者（prebyophiles）、美學化性別性倒錯者（invertis sexoesthétiques）、性交困難女性（femmes dyspareunistes）。這些像是異端的美麗名字指涉的是一個已經把自己遺忘得差不多的自然，它脫離了律則，但仍對自己有足夠的記憶，仍然繼續生產類種（espèces），但已不再有秩序（ordre[4]）。追獵著這些分散而互不協調事物的權力機制並不企圖消滅它們，而是只給予它一個分析性的、具可見性的及持續不變的現實：它將其壓入身體中，滑入行為舉止之下，使它成為一個分類上的及可理解性的原則，將它構成為失秩的存在理由及自然秩序。將這些千百類謬誤性傾向加以排除？並非如此，而是其中每一項次的特定化、區域性固化。在將它們散播的同時，涉及的乃是將它們廣布於真實之中，並將它們整併於個人之內。

3. 和古老的禁制相比，這種形式的權力在實施時，更加要求恆定的、保持注意力及好奇心的臨在；它預設親近性；它的實施是靠著執著的檢視和觀察；它需求論述的交流，透過問題逼出告白，以及溢出盤問的知心話。它涵攝著一種生理性進路及強烈感覺的遊戲。關於此點，性異常的醫學化同時是效果及工具。存在於身體之中、成為個人的深沉性格，性怪異屬於健康和病理的一部分。反過來說，當它成為一個醫學的事物，而且可以用醫藥處理時，它變得像是損害、失調或病徵，必須在有機體的根柢處、在皮膚的表面或是在行為的一切符號之間來捕捉它。如此，把性傾向當作它必須要處理的事物，此

4.　　譯註：ordre 此字在法文除了「秩序」的意思之外，亦指分類學上的「目」，或是更廣泛的「種類、等級、範疇」。

一權力的責任是輕觸身體：它用眼睛撫弄它們，並將各區域變得強烈；它使得表面通電；它使騷亂的時刻變得戲劇化。它將性化的身體（le corps sexuel）抓住不放。無疑這是增大其效力並擴張其管控領域。但這也是權力的感覺化並使它得益於快感。由此產生了雙重效益：只是透過其施行本身，權力便獲得了一種衝動；激動興奮補償了作為監視的控制並將它帶得更遠；告白的強烈性將提問的好奇心重新推進；被發現的快感回流到包圍它的權力。然而這許多急迫的問題將必須回答問題的人感受的快感獨特化；目光固定在它們之上，注意力將它們區隔出來並使其活躍。權力運作得像是個呼喚的機制，它吸引、抽取出這些它所看顧的奇怪事物。快感傳播到圍捕它的權力之上；權力錨定了它剛才逼現的快感。醫學檢驗、精神醫療的探查、教學者的報告、家庭中的管制，有可能其整體及表面的目標是向所有迷途和非生產的性傾向

說不，但事實上它們像是擁有雙重衝動的機制一般地運作著：快感與權力。施行權力時的快感，這權力詢問、監控、警戒、偵察、搜索、觸摸、置事物於光線之下；而另一方面，快感因為能脫離此一權力掌控而更加熾烈、它逃離它、欺騙它或是使它變化歪曲。權力受到它所追獵的快感所入侵，而在它對面，快感自我展示、產生醜聞或抗拒因而肯定其自身的權力。捕捉與引誘；相互的對抗及增強：父母和子女、成人與青少年、教師與學生、醫生與病人、精神醫療師與其歇斯底里症患者及病態者，他們自從 19 世紀起就不停地玩著這個遊戲。這些循環的召喚、躲閃及鼓動圍繞著性和身體所布置的，並非不能跨越的邊界，而是權力和快感的**永恆螺旋**（*spirales perpétuelles*）。

4. 由此而來的是在社會空間及儀禮中，19 世紀這些**性飽合的設置**（dispoditifs de saturation sexuelle）。

人們常說現代社會曾嘗試將性縮減於兩人之間——異性戀的而且是儘可能是合法的一對男女。人們也可以說它如果不是發明了，至少也是仔細地布置及殖生了具有多樣元素及循環性質的性形式的集合：分配權力的端點，使其具有高低品秩性質及對抗性；受「追逐」的快感——也就是說同時受到慾求也被追獵；分散為小段落的性形式，受到容忍及鼓勵；將自己當作監控手段的親近性，以作為強烈化的機制運作著；具引導性的接觸。家庭便是如此，或者毋寧說是小房子，包括其中的父母親、小孩，某些案例也包括僕人。19 世紀的家庭是個一夫一妻制及以婚姻為核心的小單位？也許在某個程度上是如此。但它也是個快感—權力的網絡，並且是以多端點和可轉化的關係而受到組構。成人與兒童的分離，父母親房間和孩子房間形成的端點對立（polarité），（在此世紀中，當人們開始建構俗民住宅時，此一端點對立成為典型參照），男生與女生相對地分隔，

幼兒照料的嚴格規定（母親餵乳、衛生措施），對兒童性慾的警覺注意，手淫假設上的危險，對青少年時代給予的著重，向父母親建議的監控方法，因僕人的臨在所生的告誡、祕密、和恐懼，而這臨在同時是被視為有價值又受懼怕的，即使是縮減至其最小的維度，所有這些使得家庭成為一個複雜的網絡，飽含著複多、片段和變動的性形式。將其化約為夫婦關係，甚至以受禁制的慾望為形式，將此關係投射至兒童身上，並不能充分解析這些設置，而它們相對於這多種的性形式，比較不是禁止性質的原則，而是鼓動和增生的機制。教學機構或精神醫療機構，它們之中眾多的人口、層級區分、空間布置、監控系統、在家庭之旁構成了分布權力和快感遊戲的另一種方式；但它們也勾勒出一些為性高度充滿的區域，其中有些特別受到重視的空間和儀式，比如教室、宿舍、訪視或問診。非夫婦型態、非異性性愛、非單偶制的性形式受到召喚並置放於此。

19 世紀的「布爾喬亞」社會如此，我們的無疑也如此，乃是一個變態在其中輝煌彰顯（éclatante）又大肆分裂（éclatée）的社會。而這完全不是建立於虛偽的模式，因為沒有比它更明顯和冗長，更是外顯地受到論述和機構負責處理。這完全不是因為想要對性建立起一個太嚴格或太普遍的阻撓，相反於其意願地，這社會仍然有一整群變態的滋生和有關性本能的長段病理學。這裡涉及的比較是一種權力形式，而這社會使它作用在身體和性之上。這個權力正好沒有律法的形式，也沒有禁制的效果。它運作的方式反而是獨特性形式的增生。它不對性形式設立邊界；它反而延長其多樣的形式，以不特定的穿透線來追蹤它。它不會將其排除，而是將它納入身體，作為將個人特定化的模式。它不尋求躲避它；它以快感和權力螺旋吸引其各種變化，而這兩者在其中相互增強；它不會建立阻撓；它布置著容受最大飽滿度的處所。它產出及固置性的不協調（disparate

sexuel）。現代社會是變態的，但並不是它雖然有其清教徒主義卻仍如此，或作為其虛偽的反作用；它真正地和直接地是變態的。

真正地如此。多樣的性傾向──和年齡有關（幼兒或兒童的性慾），固置於特定品味或行為的（內在錯亂、專愛老齡的、戀物癖的性傾向……），以擴散方式投注於各種關係上的（醫─病關係、師─生關係、精神治療師─瘋人關係中的性形式）、縈迴於各種空間中的（家庭、學校、監獄中的性形式）──所有這些形成種種精確的權力程序的關聯項。我們不可想像是因為這些至此仍一直受到寬容的事物，吸引了注意力並獲得負面的定性，而這時人們想要給予唯一一種可再生產勞動力和家庭形式的性傾向一個調節者的角色。這些多種形態的行為乃是真正地由人的身體和他們的快感中抽取出來；或者毋寧說，它們是被凝固於其中；它們被複多的設置召喚、照明、孤立、強化及併入。變態的增長並不是使得維多利亞時

代細膩心智執念難去的一個道德教化主題。這是一種類型的權力在涉入身體及其快感時的真實產物。有可能西方未有能力發明新的快感，但它無疑未曾發現全新的惡德。然而它界定了權力和快感之間新的遊戲規則：各變態僵固的臉龐便在此受到勾勒。

直接地如此。此一眾多變態的植入並不是對性傾向發出嘲弄，以對於給它強加過度壓抑法則的權力所作的報復。這裡涉及的也不是弔詭的諸快感形式，它們反過來針對權力，用一種「承受中的快感」形式來投注它。變態的植入是個效果─工具[的組合]：透過邊緣性傾向的孤立、強化和鞏固，權力和性與快感間的關係脈脈而出、增多繁衍、周行於身並穿入行為。而在此權力的向前行進之中，各種性傾向的散播被固定下來，標定於特定年紀、處所、品味、行為類型。這是透過權力的擴張所產生的性傾向的增殖；在權力的增長中，每一個區域化的性傾

向提供給它一個介入的平面：特別是由 19 世紀開始，這樣的鏈接由無可勝數的經濟獲利所確保和接替，而這些獲利依賴的中介有醫學、精神醫療、娼妓、色情書刊，它們同時聯接於快感分析性的變速（démultiplication），以及其控制它的權力的增長。快感與權力並不互相抵消，它們不會相互對抗；它們相互追逐、互相騎乘及重啟發動。它們以一些複雜且正向的刺激和鼓動機制相互鏈接。

因此，無疑必須放棄此一假設，即現代的工業化社會開啟了一個增強性壓抑的時代。我們不只見證了異端性傾向明顯可見的爆發。但那也特別是 —— 而這也是個重點 —— 一個和律法非常不同的設置，即使它在某些局部地方由禁制措施獲得支撐，但它是以一個相互鏈接的機制網絡，確立了特定快感和多樣而不協合的性傾向的增生。人們說，沒有比它更加會假裝害羞的社會，也沒有權力作用單位曾使用更多的心力於假裝無知於它們所禁制的事物，彷彿它們希望和它之間不會

有任何的共同點。但至少經過一番整體鳥瞰之後，出現的是相反〔的狀況〕：從未有更多的權力中心；從未有更多外顯而冗長的注意；從未有更多的接觸和循環連接；從未沒有更多的聚集焦點，在其中被燃起並因此被播散得更遠的，乃是快感的強度和權力的頑固。

原書註 ————————————————————————————————————

i.　　　Westphal，《神經病學檔案》（*Archiv für Neurologie*），1870。

III. Scientia sexualis

第三章

性的科學

我假設人們會同意我的前兩點；我想像人們接受我的說法，即自從三個世紀以來到現在，關於性的論述是增多了，而不是變得稀少；而如果它帶有禁制與禁令，它以一種更根本的方式，確立了一整群性的零散類屬的凝定與植入。但似乎也可說所有這些所扮演的，基本上仍是防衛性質的角色。對於它如此多的談論，發現它在受塞入之處被區分為各種各樣、隔離分立又加以個別化；而這些根本上只是要遮蔽性：論述—屏障、分離—避免。至少在佛洛依德之前，談論性的論述 —— 學者和理論家的論述 —— 乃是不斷地將其所述說的對象加以遮掩。所有這些被訴說的事物，謹慎的預防及細節分析都可被當作是一些目的在於閃躲的措施，其閃躲對象是性之無可忍受、過度危險的真象。僅是人們宣稱用一受到純化及中性化的觀點來談它的這個事實本身，即是很有意義的。這事實上是個由閃躲構成的科學，因為無能力或拒絕談論性的自身，在其中性被指涉的，便特別是其偏差、變態、例外性質的怪異、病態的撤消、有病的加劇。這也是個根本上臣服於一些道德命令的科學，而它在種種醫學規範之下，重複申說著其中的劃分。以說真實為藉口，它到處點燃恐懼；對於性形式最微小的波動，它將其當

作是一個想像中的惡痛的朝代，命定要迴響於不同的世代之中；最孤單者所有害羞的稍縱即逝習慣和微小癖好，它都將它們認定為社會上的危險；在不尋常的快感終端，它所置放的不是別的，而是死亡：個人、世代和物種的死亡。

它如此地和一種醫學實踐相連結，而後者是堅持及毫不隱藏地滔滔不絕宣講其噁心，在協助法律和輿論時迅速敏捷，對於真實的要求則馴服溫順。最好的時候是不自願地天真，但大部分的時候是刻意說謊，和它所揭發批判的有共謀關係、高傲又賣弄風情，它對病態建立起一套放肆話語，而這是 19 世紀末尾時的特色；在法國，卡爾尼葉（Garnier）、普耶（Pouillet）、拉都榭特（Ladoucette）乃是它無榮耀的書寫史，而羅林納（Rollinat）是它的歌頌者。然而，在這些令人心緒不寧的快感之外，它訴求別種權力；它將自己裝扮為衛生命令的無上權威，重拾對性病的古老恐懼但加上新的無菌主題、偉大的演化論神話，並有最近設立的公共衛生機構相助；它宣稱能確保社會體（corps social[1]）的生理活力及道德整潔；它許諾清除缺陷

1. 　譯註：指的是同一社會中生活的所有人形成的整體。傅柯對此字的運用有傾向於回到此一比喻原本意象，即身體（corps）。

的持有者、退化者及衰敗的人口。以生物學和歷史的緊急性為名義，它合理化國家所抱持的各項種族主義，而那時它們是迫近的。這科學將它們奠立為「真理」。

當人們將這些有關人類性本質的論述，和同一時代動物或植物生殖的生理學相比較，其差距令人感到驚奇。如果不談它們的科學性，僅以其基本的合理性而言，其微弱程度就使得它們在認知史上要獨自被放在一邊。它們形成了奇怪的模糊區域。在整個 19 世紀裡，性似乎是銘刻在知識的兩種明確分離的記載領域中：一個是研究生殖的生物學，它持續地以一般的科學規範來發展，另一個是性的醫學（médicine du sexe），它所遵循的是完全另一套養成規則。在兩者之間，並沒有真正的交流，沒有任何的相互結構；前者相對於後者，只是扮演一個遙遠且相當虛構的保障者角色：一個廣泛的擔保，在它的遮蓋下，道德上的阻礙、經濟或政治的選項，傳統的恐懼能以一個具有科學語調的字彙重新書寫。一切都顯得像是存有一種根本的抵抗，反對在人類的性之上，包括它的相關項和它的效果，持有一個合於理性形式的論述。這樣的一種高低落差，乃是一個記號，說明這裡涉及的論述類型，不是用來說出真象，而是

要阻止它在其中產生。在生殖的生理學和性的醫學之間的差異下，必須要能看到有別於科學進步不平均或合理性形式有落差之外的，別的更進一層的事物，而且是更進一步的；其中一者來自一個龐大的知識意志（volonté de savoir），它支持了科學論述在西方的機構化；但另一者則來自一個頑固的非—知識（non-savoir）意志。

這是無可否認的：19 世紀學者對於性所持的論述，其中不只充滿了無始以來的輕信，也有著系統性的盲目：拒絕看和聽；然而——此處是最要緊的重點——也是拒絕已被呈現的，或是人們曾急切地懇求其受到表述的。這是因為，如果有錯誤認知，它的基礎只能是一種和真象的根本關係。閃躲它、阻攔其進入、遮掩它：這許多的局部戰術，其出現如同一種疊印，而且最後又有一迂迴，給予知識的呼籲一種弔詭的形式。不願意承認，那仍然是真象意志的一個發展波折。硝石庫醫院（la Salpêtrière）中的夏爾可（Charcot[2]）可作為此處的一個例證：

2.　　譯註：Jean-Martin Charcot（1825 − 1893），19 世紀法國神經學家、解剖病理學教授。他的研究成果極大地推動了神經學和心理學領域的發展。精神分析創立者佛洛依德曾於 1885 ～ 1886 年冬天在巴黎跟隨夏爾可學習，這個歷程並使佛洛依德的研究興趣轉向歇斯底里、催眠及其它的心理學問題。

這是一個巨大的觀察機器，包括其中的檢視、盤問、實驗，但這也是個鼓動的機器，利用公開展示、透過乙醚或戊基硝酸鹽仔細準備的儀式性發作劇場、一整套的對話、觸診、強加之手、醫生以一個手勢或言語便能催生或抹去的身體姿勢的遊戲，也伴隨一群層級地位清楚的人員，他們窺伺、組織、挑釁、記錄、報告，並且聚集了像是金字塔一樣龐大的觀察與卷宗。然而，便是在此對論述和真象的持續鼓動的背景中，錯誤認知特有的機制得以運作：如此，夏爾可以手勢打斷了公開的診斷，而這時正是涉及「那個」的問題已太過明顯的時刻；如此更經常出現的是，逐漸的抹除，對象是在卷宗中，就性的層面，患者所曾說的或曾顯示出的，但也是由醫生本人看到、召喚、激發的，然而觀察出版時卻接近加以完全忽略[i]。在這一段歷史中，重要的不是人們遮住眼睛或塞住耳朵，也不是人們犯了錯誤；首要的是人們圍繞著性並以它為主題，建構了一個龐大的機器來產生真象，但又在最後一刻將它遮蔽。重要的是，性不只是有關感覺和快感，律法或禁制，它也是有關真與假，而性的真象已成為一件不可或缺的重要事物、它是有用的或危險的、珍貴的或可怕的，簡言之，性被構成真象的關鍵焦點之一。因此，

要去標記出來的，並非一個新理性的門檻，由佛洛依德——或另一人——留下其發現的記號，而是此一「真象與性之間遊戲」之逐漸形成（亦即它的轉化），19 世紀將它遺留給我們，但沒有任何事物證明我們已由其中脫離，即使我們已將其改變。錯誤認知、逃避、閃躲都是以此怪異事業為背景才有其可能並且產生效力：說出性的真象。此一事業並不起始於 19 世紀，即使當時一個「科學」計畫對它給予了一個奇特的形式。它是所有錯謬、天真和狡猾的論述的基石，而性的知識似乎曾長期迷途其中。

*

　　歷史上有兩大程序可以產生性的真象。

　　一方面是由社會 —— 這方面相當多：中國、日本、印度、羅馬、阿拉伯－回教徒社會 —— 它們有其**性愛技藝**（*ars erotica*）。在性愛技藝中，真象是由快感本身抽取出來的，它被當作行為實作，並被收集成為經驗；快感受考量時，並不是和一個由允許及禁止構成的絕對律法有關，並且一點也不會以

一個實用的標準作為參照；它反而首先及首要是以其自身作為參照，它被當作是種快感而被認知，因而是根據其強度和特定的品質、時間長短、及它在身體和心靈中造成的震盪。更好的是：此一知識必須逐漸地回到性行為本身，由內部來煉就它，並且擴增其功效。如此構成的知識必須停留於祕密之中，並不是有一針對其對象的詆毀疑念，而是根據傳統將它保持最大的含蓄是必要的，一旦它受廣泛流傳，它的效用和德性便會有所損失。和持有祕密的師傅間的關係，因而是具有根本重要性的：只有他能以內部祕傳及個人啟蒙的方式來傳承它，以一絲不苟的知識及嚴謹引導著弟子的前進探索。來自此一高明的技藝，其功效之廣大無法由其表面乾燥的要訣中管窺，而且應能轉化受其特別恩澤照拂者：身體絕對的主宰、獨特無雙的歡悅、遺忘時間和限制、長壽的靈藥仙丹、不再煩憂於死亡及其威脅。

我們的文明，至少在首度探觸之下，並不擁有**性愛技藝**。但它無疑是唯一造出一種**性的科學**（*scientia sexualis*）的文明。或者毋寧說，它在許多世紀以來，為了說出性的真象，曾經發展出一些程序，它們主要依循的是一種權力—知識的形式，而那是嚴格對立於啟發性質的技藝和高明的祕密：這裡涉及的乃

是告白（aveu）。

　　至少自從中世紀以來，西方社會將告白置放於主要的儀式之中，並且期待由此產生真象：1215 年拉特蘭（Latran）大公會議[3]決定了悔罪封聖的規章，由此接續的告解技術的發展，在犯罪司法中控訴程序的後撤，罪惡考驗的消失（包括宣誓、決鬥、神之審判）以及審訊和調查方法的發展，王國行政在犯罪的追捕上越來越多的掌控，但私人和解的減少則成為其代價，宗教法庭（Inquisition）的設立，以上這些都有助於使得告白在俗世和宗教的權力類屬之中獲得一個中心的地位。「告白」（aveu）字眼的演變，以及它在司法中被指定的功能，其本身就是具有特色的：由「認可」作為地位的保證、由另一人給予另一人身分及價值，演變為「自白」，這是由某人自己

3.　　譯註：1215 年在羅馬拉特蘭聖若望主教座堂舉行的第四次拉特蘭大公會議，其中決議多項增強教廷力量的事務，包括所有到達能辨別是非年齡的俗眾必須每年進行告解，以及以私密而非公開形式進行告解。

承認其行為和思想。長久以來，個人的真實性是由他人的參照以及他和其他人的連結來顯示（家庭、效忠對象、恩庇）；接著則是利用他能夠或必須對自己持有的真值論述（discours de vérité）來認證其真實性。真象的自白銘刻於權力所產生的個人化程序之核心。

　　無論如何，在考驗（épreuve）的儀式之旁、在傳統權威所給予的擔保之旁、在見證之旁、但也在專業知識觀察和證明程序之旁，告白在西方已演變為生產真象最受高度評價的技術之一。由那時開始，我們成為一個獨特的告白社會。告白的效力傳播遙遠：及於司法、醫學、教學、家庭關係、愛情關係、最日常的秩序、最莊嚴的儀式；人們告白其犯罪、罪孽、思維及慾望、過去及夢想、童年、病痛及悲慘；人們用最大的精準來說出最難訴說的事物；人們公開及私下進行告白，對象是父母、教師、醫生、所愛的人；人們向自己，以快樂和痛苦說出向其它任何人都不可能作的告白，人們以此書寫成書。人們告白──人們被迫告白。當人們不是自發的，或是由一內在命令要求，這告白是強行取得的；人們由靈魂中將其迫出或是由身體中將其奪取。自從中世紀以來，拷問伴隨著它，如影

隨形，當它閃躲逃避時，也支持著它：暗黑的攣生子[ii]。就像最心軟的溫柔，最血腥的權力也需要告解。在西方，人已成為會作告白之獸。

由此，無疑產生了文學中的一個變形：由述說及聆聽的樂趣，集中於英雄故事亦或神奇的英勇或聖蹟「考驗」，來到一個遵循由內心深處升起的真實的無盡任務，此真實介於字眼之間，而其自白的形式使它閃動生輝，像是個無法觸及的事物。由此亦展開了此一作哲學的不同方式：尋找和真實間的根本關係，並不是單純地在自身之中──在一些被遺忘的知識之中，或是在某些原初的痕跡中──而是透過自我檢視，遍歷許多翻飛消逝的印象，透露出意識根本的確定性。自白的義務現在由許多不同的端點回返，從此之後，和我們是如此深刻地併合，我們已不將其感受為一限制我們權力的效果；相反地，那似乎是存在於我們最祕密的深處，真象只「求」浮出見到天日；而如果它不能達到此處，那是因為有個束縛攔住了它，或是有個權力的狂暴重壓其上，而它只能以某種解放為代價才能發聲。告白突破限制，權力壓縮，導致沉默無聲；真象不屬於權力之屬，而是和自由之間有一原初的親緣關係：如此多的哲學傳統

主題，而一部「真象的政治歷史」應被翻轉以展示真象不是因其本性而自由，錯誤也沒有奴性，它的產生乃是完全受到權力關係所穿越。告白便是其中的一個例子。

必須要受到告白此一內在的狡智牢牢地套住，才會給予檢查制度、言說和思考的禁制一個具根本重要性的角色；要對權力有一強烈相反的再現，才會相信我們是以完全的自由來發聲，而這些聲音長久以來在我們的文明中，不斷地重覆申說強大的命令，要求說出我們是誰、作了些什麼、記得及忘記什麼、人們遮蔽了什麼或什麼被掩蔽了、人們不思考什麼及人們思考什麼而得以不思考。西方屈折了如此多的世代所作出偉大事業——而這同時，其它形式的勞動確保著資本的聚集——乃是人的臣服（assujettissement）；我想說的是，將他們構成為「主體／臣民」（sujets[4]），這裡用的是這字眼的雙重意義。人們可想像那是一個如何的過度景象：在 13 世紀初，所有的基督徒都奉令每年至少要有一次跪下，告白其過錯，且不可遺漏其中任何一件事。也讓我們想像一下，七個世紀之後，對於那前來在深山裡加入塞爾維亞反抗軍的沒沒無名隊友；他的長官要求他寫下一生；而當他拿來那在夜裡潦草書寫的數張可憐的紙

片，人們看都不看，只是和他說：「重新開始，說真話。」著名的語言禁制，曾經受到如此的重視，它應該使人遺忘此一千年以來的告白枷鎖？

然而，由基督教的悔罪開始直到今天，性一直是告白特別著重的材料。人們說，它被遮掩。但如果是相反，以一種特別的方式，它才是人們告白的事物呢？如果要將其遮掩的義務，乃是必須要告白它的另一個面向呢（如此可將其更好地圈圍起來，用上更多的心思，使得其告白變得更重要，要求一更嚴格的儀式，並允諾更具決定性的效力）？如果，到現在已有許多個世紀，在我們的社會中，性是被放置在沒有缺漏的告白體系下的事物？我們前面所談的性的置入論述，性的不合諧群屬，其散播及增強也許只是同一個設置的兩個零件；透過一個位於

4.　　　譯註：法文 sujet 同時有臣民和主體兩個意涵，而此字也內嵌於之前文本使用的 assujettissement（使其臣服、馴服）一字中。

中央的告白元素，它們可以在其中得到組構，而此一告白乃是將性的獨特性強制作一具真值的發言 —— 不論此一獨特性有多極端。在希臘，真和性是在教學法的形式中被連結在一起，並且是透過手把手的傳承，傳遞一珍貴的知識；性是作為一認知啟蒙的承載。對於我們，性和真是在告白中相連，透過個人祕密具義務性的及完全無遺漏的表達。但是，這一次是真作為性及其外顯的承載。

然而，告白是個論述的儀式，其中說話的主體和被訴說的主體相符合；這也是個在權力關係中展布開來的儀式，這是因為，如果沒有至少有一個在虛擬中存在的伙伴，告白便不會發生，此一伙伴不是個單純的談話參與者，而是要求告白的作用者、強求它、評價它並且介入以作判斷、懲罰、原諒、安慰、和解；在這個儀式中真象的認證，有賴於它被表述時所要克服的障礙及抵抗；在此儀式中，單以發言動作，獨立於其外部後果，便在為它發聲者身上產生內在的改變：它使他無罪、得到救贖、淨化、去除錯誤、得到解放，為其允諾拯救。在許多個世紀中，性的真象便被掌控於此一論述形式中，至少就其根本重要的部分而言。而且，這一點完全不存於教學的形式中

（性教育只限於一般原則及小心謹慎的規則）；也一點都不存於啟蒙的形式中（那本質上只是個沉默不語的行為，而開葷或破處的行為只是使它變得可笑或狂暴）。我們可以明白看到，這個形式和主導「性愛技藝」的形式之間有著最遙遠的距離。就其內在的權力結構而言，告白的論述是無法由上而下的，如同**性愛技藝**中的情況，並且是依循師傅的自主意志，告白來自下方，像是一段受要求的、義務性的，並且要突破一些被高度要求保留或遺忘的限制。這裡所預設的祕密並不是關連於要被說出者的高昂代價，或是被視為值得分享此一祕密的人數之稀少；而是關連於它隱微的熟悉性和普遍的低賤。它的真象並不是受一個權威人物高高在上的地位保證的，也不是來自它所傳承的傳統，而是透過連結，那是在論述中的一個根本的歸屬，介於說話的人和他所訴說的之間。相對地，主宰元素並不在說話者那邊（因為他是受約制者），而是在聽話和保持沉默者那邊；它並不在知道而作回應者那邊，而是在發問且被視為尚不知道者那邊。此一真值論述（discours de vérité）的效應並不在接收者身上發揮，而是由他身上被強取出者身上發揮。這些被告白的真象使我們和快感博學的啟蒙之間產生最遙遠的距離，

包括其技巧和神祕經驗。相對地，我們所屬的社會，它所安排支配的，不在於祕密的傳承，而是圍繞著隱情訴說的緩慢上升，困難的，關於性的知識。

*

告白曾經是，而且今天仍然是，主宰著性的真值論述生產的一般母模。不過，它也經歷了相當的轉變。曾有一段很長的時段，它被牢固地嵌入於悔罪的行為中。然而，慢慢地，自從基督新教和反宗教改革開始，經過 18 世紀的教學法和 19 世紀的醫學，它的位置不再是在儀式中，也不再具排除地位；它被傳播開來；人們將它運用於一整個系列的關係中：子女與父母、學生與老師、病人與精神治療師、輕罪犯者與專家。人們期待於它的動機和效果乃是多樣的，甚至這也及於它的形式：盤問、問診、自傳、書信；它們被寄存、抄寫、組合於卷宗、出版並受評注。然而告白所打開的，如果不是另類的領域，至少是如何遍歷這些領域的新方式。這裡涉及不只是說出曾經作了什麼——性行為——而是如何作它；是在它之中並圍繞著它

重構出，重疊於它的思維、陪伴著它的執念、居住於它之中的形象、慾望、快感的變化和質地。這無疑是第一次有一個社會傾身以撩撥及聆聽個人快感的私密語句本身。

因而，這是告白程序的散播，它們的所在多元，它們的領域擴張；一個性快感的巨大檔案庫慢慢地形成了。長期以來，此一檔案庫是一面形成一面自我抹滅的。它像是船過水無痕（就像基督宗教中的告解所意願的），直到醫學、精神治療、加上教學法，它們開始將其凝聚：坎普（Campe）、薩爾茲曼（Salzmann）、接著特別是坎恩（Kann）、克拉夫特—艾賓（Krafft-Ebing）、塔狄俄（Tardieu）、莫爾（Molle）、哈夫洛克·艾里斯（Havelock Ellis），他們細心地收集這些性的不合諧群屬可憐的抒情詩篇。西方諸社會便如此地開始保持其快感的不限定記錄。它們建立了其中的圖集，設置了分類法：它們描述了其中的日常缺陷及怪異之處或劇烈化。這是個重要的時刻：要嘲笑 19 世紀的精神治療師很容易，他們以高調的方式致歉，表示之後必須給予這些可怕的事物發言的機會，而且他們會提到「傷風敗俗」或是「生殖的錯向」。但我倒是願意向他們的嚴肅致敬：他們擁有事件感。在這個時刻，即使最

獨特的快感也受到召喚，對自己持有一個具真值的論述，而它不再是組構於罪孽與得救、死亡與永恆的訴說者身上，而是在身體與生命的訴說者身上──於科學論述之上。語言文字有其震顫的理由；那時形成的是這個不太可能的事物：一門告白─科學，一門在告白儀式和其內容中找到支撐的科學，一門預設著這些多樣且堅持的榨取的科學，而其自我給予的研究對象乃是不可告白者之受到告白（inavouable-avoué）。醜聞，這是當然，無論如何地造成了反感，因為 19 世紀的科學論述是那麼高度地機構化，而這時它將所有這些來自底層的論述當作是自己要處理的對象。這同時是理論和方法上的弔詭：有關於構成一個主體科學（science du sujet）的可能性的長段討論、內省的有效性、生命經驗作為證據，或意識的自我臨在（présence à soi de la conscience），它們回應了真值論述運作於我們社會時的內在問題：根據告白古老的司法─宗教模型所產生的真象，以及根據科學論述規則所作的私密語句榨取之間有互相組構的可能嗎？那些想這麼說的人們就任由他們去說吧，他們相信在 19 世紀性的真象是受到前所未有的嚴格方式忽略，透過的是一個可怕的防堵機制和具中心地位的論述短缺。但其實沒什麼短

缺，反而是過剩、重複、論述過多而非不足，總之是兩個真值生產模式間的交互作用：告白的程序及科學的論述性。

而且，與其列舉 19 世紀性的真值論述中大量出現的失誤、天真及道德主義，不如在成為現代西方特性的性知識意志中，辨識出它如何使告白的儀式能在科學規律的圖式中運作的諸手段：於此一龐大及傳統的性告白的榨取中，人們如何使它得以科學形式受到構成？

1. 借由一「促使說話」（faire parler）的臨床編碼（codification clinique）：將告解和檢視、自我敘事相結合，並加上展布一整群可以解讀的符號和徵兆；盤問、嚴密的問卷、以催眠喚醒回憶、自由聯想：如此多的手段，借以將告白的程序重新銘刻於一個科學上可以接受的觀察場域。

2. 透過一個普遍而模糊的因果關係預設：必須全部述說，有權詢問全部，並且在性具有無窮及多型態的因果力量此一原則中得到其合法性。性行為

中最不引人注意的事件——意外或脫軌、不足或過度——被假設為可以引出一生中最大變化的後果；19 世紀沒有一個疾病或生理錯亂沒有被想像過至少有一部分病因和性有關。由兒童的壞習慣到成人的肺癆，由老人的中風到神經疾病及人種的退化，當時的醫學中編織著一整個和性的因果有關的網絡。對於我們這可能顯得很奇幻。性是「一切和不論任何事物的原因」，此一原則乃是一種技術性要求的理論性背面：在科學類型的實作中運作告白的程序，而此一告白必須是完全的、細緻和恆定的。由於性所具有的無限危險，使得對它所作審訊搜覽無遺的特性可以擁有正當性。

3. **經由性內在潛伏的原則：** 如果必須借由告白的技術來榨取性的真象，那不是單純地因為它很難訴說，或是因為遭受莊重禮儀中的禁制所打擊。然而，因為性的運作即是陰暗的；因為它的本

質就是脫離掌握的，而它的能量就像它的機制一樣，是偷偷摸摸地運作的；因為它的因果力量有部分是有地下性質。將它整合於科學論述的計畫中時，19 世紀位移了告白：使得它不再只是施行在主體亟想隱藏的事物上；而是施行在對他本身也是隱藏的事物上，而這些事物之所以得以浮現，乃是逐漸地進行，並且透過一個告白所作的工作，在其中，提問者和被提問者都有所貢獻。性本質上的潛伏性允許在科學實踐上組構強迫困難的告白。因為它的隱藏，所以必須強力地榨取它。

4. 經由詮釋的方法：如果必須告白，那不只是因為接受告白者會有原諒、安慰和指導的權力。而是因為要生產出真象的工作，如果要能在科學上被驗證為有效，就必須透過這樣的一種關係。它不停駐於單一告白主體，經由說出它便能將它完整地帶到光天化日之下。它由兩個部分構成的：在

訴說的主體身上有著它，但不完整，其自身對它是盲目的，只能在聽它的人身上才能得到完成。後者才能說出此一陰暗真象的真象：必須要將告白的顯示加疊（doubler），方法是透過對於所說的事物加以解讀。聽的人將不單純是原諒的主宰、定罪或免除的判官；他將是真象的主宰。他的功能是詮釋學性質的。相關於告白，他的權力不只是在它出現之前要求它，或是在它被說出之後作決定；他是透過它並解讀它，將它構成為一個真值論述。使告白不再只是一個證據，而是一個符號，並使得性成為要受到詮釋的事物，19 世紀擁有了使告白程序在科學論述的規則性形成中運作的可能性。

5. **透過告白效應的醫藥化**：告白的獲得及其效果被重新編碼於治療活動的形式中。這意謂著，首先性的領域不再只是被置放在過錯和罪孽、過度和逾越的區塊中，而是被放入正常與病態的體制中

（然而這只是其移動）；人們首次定義了性特有的病況；性顯得像是一個在疾病上具有高度脆弱的領域：它是其它疾病產生迴盪的表面，但也是自成一格的疾病分類學的聚焦處，其中包括衝動、傾向、形象、快感、行為。這也意謂著，告白是在醫療行動中得到其意義和必要性：醫生要求它，它被視為在診斷中是必要的，並且其本身就具有療效。如果真實能即時被說出，向對的人說出，訴說它的人同時是擁有者和責任者，那麼真實便能療癒。

現在讓我們採取寬廣的歷史參照座標：我們的社會，和傳統的**性愛技藝**斷開之後，擁有的是**性的科學**。更精確地說，它持續著產生性的真值論述的任務，而這是透過，不無困難地調整古老的告白程序，使其適應科學論述的規則。由 19 世紀開始發展的**性的科學**，弔詭地在其核心維持著有義務及無遺漏告白的獨特儀式，而這是基督教西方（l'Occident chrétien）產生性的真象的第一個技術。從 16 世紀開始，此一儀式便逐漸地

脫離悔罪的聖事，而且，經由靈魂的引導和意識的指引——經院主義的技藝中的技藝（*ars artium*[5]）——它移動至教學法、成人與兒童關係、家庭關係、醫學與精神治療。總而言之，自從近一百五十年來，有個複雜的設置已經就位，以在性上面生產出真實的論述：這是個大幅橫跨歷史的設置，因為它把告白古老的命令接連在臨床傾聽的方法上。經由此一設置，才有可能出現作為性和其快感的真象的某種事物，即所謂「性本質」（sexualité[6]）。

「性本質」：它的關聯項是此一慢慢發展而出的論述實踐，即**性的科學**。對於此一性本質，其根本的特性並不是轉譯一個或多或少受到意識形態攪亂的再現，或是一個由禁制導出的錯誤認知；它們符合那必須產生其真值的論述的功能性要求。位處於一個告白的技術和科學的論述性交會處，在那兒必須在兩者間找到一些調整的重大機制（聆聽的技術、因果關係的預設、潛伏的原則、詮釋的規則、醫藥化的必要），性本質是「由其本性」（par nature）定義的：這是一個可為病理學程序穿透的領域，因而也召喚治療或正常化的介入：一個有待解讀的意義場域；受到特定機制遮蔽的一個形成地帶；不受限定

的因果關係的一個聚集處,一段必須同時逼迫出來及聆聽的晦暗言語。這乃是諸相關論述的「經濟」,我指的是它們內在的科技、它們的運作必須性、它們所施展的戰術、支撐它們也受其傳遞的權力效果──是它,而不是一個再現系統在決定為它們所訴說者的特性。性本質──即那在 19 世紀像是一個特定真象領域在運作的──其歷史的寫作首先要以一論述的歷史作為其角度。

5.　　　譯註:拉丁原文意為「技藝中的技藝」(art of arts),使用上主要指「邏輯」,這裡依上下文取其原意。

6.　　　譯註:如同研究傅柯的學者,比如著有《傅柯辭典》(*Dictionnaire Foucault*)的 Judith Revel 指出的,傅柯的許多概念是在動態發展之中形成及運用,而許多來自一般用語的字詞會得到一種哲學式的提升,進而發展為概念,之後又可能再進行內部的檢討批判,而形成持續的重新定位、檢視及位移。也因此,其思想中具代表性的重要概念的字詞往往會在不同的脈絡中指稱不同的意涵。此次《性史》譯文針對占核心地位的 sexualité 一詞也是循此方向,依上下脈絡而有不同理解和譯法。

現在就讓我們提出〔研究〕工作的一般假設。於 18 世紀發展的社會——隨意願可稱其為布爾喬亞、資本主義的或工業社會——並未以一個針對性作根本拒絕承認的方式來反對它。相反地，它設立了一整個機器（appareil）以對它產生真實論述。不只它大量談論它，並且強迫每個人都要談論它；而且它還進行其規則化真象（vérité réglée）的表述。彷彿它懷疑在其身上藏有一重大祕密。彷彿它對此一真象的生產有其需要。彷彿性不只銘刻於一快感經濟中，而且是銘刻於一有秩序知識體制，對這社會來說是根本重要的。它於是逐漸地成為一個重大懷疑的對象；穿越我們行為和存在的，概括但又令人困擾的意義，雖然此一穿越並非我們所意願；惡的威脅由此向我們而來的脆弱點；我們每一個人身上所具有的暗夜片段。概括的意義、普遍的祕密、處處存在的原因、不會止息的恐懼。於是，在此一性的「問題」（"question" du sexe）中（指問題此字的雙重意義，包括盤問和問題化；對於告白的強烈要求和整合它於一個合理性場域），發展出兩個進程，而它們總是相互指涉：我們要求它說出真象（但因為它是祕密卻不能為自己所掌握，我們為自己保留訴說最後受啟蒙的真象，那是密碼被破解的真象）；而

且我們也要求它向我們訴說我們的真象，或者毋寧說，我們要求它訴說這個我們自身的真象被深埋的真象，而我們自以為是在當下的意識中擁有它。我們向它說出它的真象，方式是解譯它和我們訴說的；它和我們訴說我們的真象，方式是解放那躲避不答的事物。經由此一遊戲，數個世紀以來緩慢地形成了一個有關主體的知識（un savoir du sujet）；這實際上比較不是有關它的形式的知識，而是有關什麼在分裂它；也許有關什麼決定了它，但特別是有關什麼使它逃脫自己的掌握。這有可能會顯得未受預期，但不應使人感到奇怪，如果人們想到基督教告解和司法告解的長段歷史，想到告白此一知識─權力形式的位移和轉化，而它在西方是如此地具有首要地位：經由越來越緊縮的圈環，主體的科學的計畫，開始以性的問題為中心轉動起來。主體之中的因果關係、主體的潛意識、在有知識的他者之中的主體真象，它自己不自知但存於其身上的知識，以上這些得以在性的論述中展開。然而，這不是因為性之中有先天內在的某些特質，而是根據內存於此一論述的權力戰術。

*

性的科學無疑對立於**性愛技藝**。但必須要註記**性愛技藝**並沒有完全於西方文明中消失；它也沒有完全缺席於尋求生產出性的科學的運動中。在基督教的告解中，尤其是在意識的指導及檢視中，在尋求精神結合及對神的愛的追求中，一整個系列的方法手段，和情慾技藝有其親緣關係：導師循著一條啟蒙之路所作的引導、經驗的強化、直到它們的生理組成、陪伴的論述所產生的效果增強；附身和狂喜的現象，它們在反宗教改革時期的天主教中如此經常地出現，無疑有其無法控制的效應，溢出此一肉身微妙科學內含的愛慾技術。而且，也要自我提問，自從 19 世紀以來，**性的科學** —— 在莊重自持的實證主義厚厚撲粉之下 —— 至少在某些向度，是否像是一部**性愛技藝**一樣地在運作。也許此一真象的生產，即使它在科學模型前惶恐不安，也增加、強化甚至創造了它自身內在的快感。人們常說我們沒有能力想像新的快感。我們至少曾經發明了另類的快感：和快感的真象有關的快感、樂於知道它、展示它、發現它，著迷於看到它、訴說它、捕捉它、以它來補獵它者、在祕密中交待它、以狡智逼出它；與快感的真值論述相關的特定快感。想要尋找和我們對性本質知識（這裡涉及的只是它被利用

於產生正常化）相關的愛慾技藝中的最重要元素，那方向不是在醫學許諾的理想中，一種健康的性、也不是人文主義夢想中的性，完整且盛開，更不是在高潮的抒情主義及生命—能量的美好情感中；而是要在產生出性的真象時相關的快感增加及強化之中。被書寫和閱讀的學術書籍、問診及檢視、回答問題的焦慮和感覺到自己受詮釋的快樂、這許多向自己和他人述說的敘事、如此多的好奇、如此多的私密話語分享，受到說真話的責任所支持、並非沒有微微顫抖、醜聞、祕密幻想的漲大，必須付出如此代價來輕聲說它們，對象是能聽懂它們的人，簡言之，奇妙的「經歷分析的樂趣」（以［分析］這字眼最寬廣的意義而言），而這是西方自從好幾個世紀以來，靈巧地煽動的，所有這些形成的像是一部愛慾技藝的游走片段，而它正是告白及性的科學所悄然傳遞的。是否要相信，我們的**性的科學**只是一部**性愛技藝**的特異微妙版本？而在此一表面上遺失的傳統中，它乃是其中的西方版本，而且經過純化精煉？或是必須要假設所有這些快感只是一部性科學的副產品，支持無數努力的福利？

　　無論如何，假設我們的社會在性上面施行一壓抑權力，而

且其原因是經濟考量，此一假設顯得過於狹隘，如果我們必須考量這一整個系列的加固和強化，而首度巡檢便可使它們顯現出來：論述的激增，細心置入於權力要求的論述；性的不合諧群屬的固化及可以將其孤立的設置的構成，而且不只如此，它們還能將其召喚、喚出、將其形成為注意力、論述和快感的聚焦處；生產告白的強力要求，並且由此出發設立一個具合法性的知識體系及多樣的快感經濟。比起只是一個負面的排除和拒絕的機制，這裡涉及的多了許多，包括點燃一個微妙的論述、快感、權力的網絡；這裡涉及的，並不是頑固地將未受馴服的性排斥到某些陰暗與不可觸及的區域的運動；而是相反的，是將它傳播於事物和身體之上的進程，它們刺激它，顯示它並使它訴說，將它植入真實並囑咐它說出真象：與性相關事物可以看得到的一整套閃動，而指涉它的是多樣的論述、權力的頑強和知識與快感之間的遊戲。

這全部都只是幻覺？這只是匆忙之下的印象，在它背後一個更細心的目光將能找回壓抑為人熟知的機制？超越這一些閃閃磷光之外，不是應該找回那總是說不的陰沉律法？歷史調查會加以回應──或說它應加以回應。調查的對象是自從三個世

紀以來有關性的知識的形成方式；以性為對象的論述增生的方式，以及為何我們會認為它們預計產生的真象值得付出驚人的代價。也許這些歷史分析最後會驅散此一首度巡檢似乎暗示的事物。但我想以下面的預設當作為出發點，並且期待能持有它越久越好，即這些權力和知識、真象和快感的設置，這些設置和壓抑是如此地不同，但它們未必一定是次級和派生的；而壓抑終究而言並不是根本和獲勝的。因此，這裡涉及的是將這些設置嚴肅對待，並反轉分析的方向：與其是一種普遍被接受其存在的壓抑，以及和我們自以為的知識可相比擬的無知，必須由其出發的乃是這些正面性質的機制、知識的生產者、論述的增多者、快感的導出者以及權力的產生者，必須跟隨它們的出現和運作的條件，以及尋找關連於它們而分配的相關禁制及遮掩。這裡涉及的，總結來說是界定內在於此知識意志的權力策略。就性本質此一特定案例而言，建構一知識意志的「政治經濟學」。

i.　參考，比如 Bourneville，《硝石庫醫院圖像集》（*Iconographie de Salpêtrière*），頁 110 及後續。夏爾可教學紀錄中未出版的文件，仍可在硝石庫醫院找到，就這一點而言，比已出版的文本更加明白。鼓動和省略的遊戲在其中可以明白地讀出。其中有個手寫的筆記記載了 1877 年 11 月 25 日的課程。患者呈現著歇斯底里的痙攣；夏爾可將雙手接著是用棒子的尖端放在卵巢的位置，於是爆發暫停了下來。他將棒子拿開，爆發又再開始，而他使患者吸入戊基硝酸鹽後，狀況更加劇烈。患者於是以絲毫不帶隱喻的詞語懇求棒子—性器：「G. 消失了，譫妄繼續。」

ii.　希臘的法律曾將刑求和告白放在一起，至少對奴隸是如此。羅馬帝國的法律則擴大其運用。此一問題將在《權力與真象》（*Pouvoir et la vérité*）一書中再度獲得處理。

IV.
Le dispositif
de sexualité

性的設置

這一系列的研究涉及了什麼？將《八卦珠寶》（*Bijoux indiscrets*[1]）中的故事轉寫為歷史。

位列於其徽章之一，我們的社會所配帶的包括會說話的性。我們突然捉住它、盤問它，而它既受逼迫又滔滔不絕，不停地回答著。某種機制，相當有神仙性質，可使自己隱形，有一天捕捉了它。它使它在一種遊戲中訴說著，在其中混合著快感和不情願、同意和審問、自己的和其他人的真象。自從多年以來，我們都生活在蒙可古王子（prince Mangogul）的王國之中：受到對於性的龐大好奇所苦，固執地要向它問問題，無法滿足地聽它訴說及聽別人說它，急於發明種種魔法戒指以強迫它放鬆其矜持。彷彿像是個根本事物一般，我們可以由我們自己的此一小小片段中，抽引而出的不僅是快感，而且也包括知識，以及一整套微妙的遊戲，它由一端走到另一端：快感的知識、認識快感的快感、快感─知識；而且，彷彿我們寄身其中的這奇幻動物有一隻足夠好奇的耳朵、足夠注意的雙眼、舌頭及心智足夠良好，可以充分了解它，也完全能夠說出它，條件是只要我們用上一點技巧來撩撥它。在我們每一個人和我們的性之間，西方提出了一個不曾停止的，對真象的要求：要由我

們從它身上搏得此一真象，因為它脫離它的掌握；要由它來向我們說出我們的真象，因為是它在陰暗處持有它。性是隱藏的嗎？因為新的羞恥心而閃避，由於布爾喬亞社會陰暗沉悶的要求而受到遮掩？相反地，它是火熱的。已有數百年，它被置放於一個強大的**知識訴求**（*pétition de savoir*）的中心。雙重的訴求，因為我們被強制去了解它是什麼，而它則被猜疑知道我們是什麼。

我們是什麼這個問題，在數個世紀中，有某個傾向將我們導向對性提問。而且，提問的對象比較不是作為自然的性（生命系統中的元素，生物學的對象），而是作為歷史的性、或作為意義及論述的性。我們將自己放置於性的重大影響之下，但那是屬於性的**邏輯學**（*Logique du sexe*），而不是**物理**

1.　　譯註：法國啟蒙時期思想家、作家、百科全書派領導人迪德羅（Diderot）所出版的第一部小說，於 1748 年以匿名的方式出版。故事述說剛果蘇丹蒙可古擁有一個神奇指環，可使女人的性器（「珠寶」）說話。

學（*Physique*）。不要上當：一大系列的二元對立（身體－靈魂、肉身－精神、本能－理性、衝動－意識），似乎將性指向一種無理性的純粹機械，在它之下，西方達成的，不太是將性歸併於一個合理性的場域，而且這樣作並沒有什麼太可稱頌的地方，因為自從古希臘時期我們已習慣於此種「征服」，不只如此，它所成就的是將我們的整體——我們、我們的身體、靈魂、個體性、歷史——都放在一個由色慾和慾望所構成的邏輯的重大影響下。當問題是要了解我們是誰，那麼這便是問題的普遍之鑰。數十年以來，遺傳學家不再將生命體視為一外加上奇特的繁殖能力的有機體；而是將繁殖的機制當作是生物學向度的導入者本身：它不只是生命體（des vivants）的母模，它是生命（la vie）的母模。然而，已有數世紀，以一種不太「科學」的方式，無數的肉身的理論家和實作者，已經將人當作是專橫宰制又可理解的性的孩子。性即萬物之理。

下面的問題沒有提出的餘地：為何性是如此地祕密？是哪個力量將它長期化約為沉默，而剛才稍微放鬆，允許我們可以質問它，但總是由它的壓抑出發和經歷此壓抑才得以如此？事實上，在我們的時代受到如此重複的此一問題，乃是一個可

觀的肯定和許多世紀來的指示的晚近形式：那裡，便是真理；到那裡去出其意料地捕捉它。我會擾動**地底世界**（*Acheronta movebo*[2]）：古老的決定。

您是智者，充滿高深科學

您，構思和知曉
萬物如何、在何處及何時相結合
⋯⋯您是偉大的智者，告訴我這是怎麼回事
為我發現在我面前的是什麼
為我發現何處、如何及何時
為何這樣的事物會降臨於我[i]？

2.　　譯註：此句引文來自一世紀羅馬詩人魏吉爾（Virgil），原意為「如果我不能轉變在上力量，我將移動地底的阿奇倫河」，但更一般理解為「如果我不能改變天意，我將擾動地獄的力量」。

因此，首要的適當提問如下：此一指令是什麼？為何會有此一性的真象及性之中的真象的偉大捕捉？

在迪德羅（Diderot）的敘事中，好精靈古古法（Cucufa）在其口袋深處尋找，在受祝福的穀粒、鉛製小佛塔和發霉的糖衣杏仁這些小東西之間，找到了一個很小的銀戒指，轉動它的寶石鑲嵌底座，會使得所遭遇的性器官說話。精靈把它給了好奇的蘇丹。我們也要了解是哪一個神奇的戒指能有這樣的魔力，它是被放在哪一個主人的手指上；它允許或假設著哪一種權力遊戲，而相對於自己的性和相對其他人的性，我們之中的每個人會成為某種充滿關注但冒失的蘇丹。此一神奇的戒指，此一使他人說話時如此不保留的珠寶，在談論自己的機制時，卻是十分地寡言，適當的作為是使得它變得饒舌起來；要談論的是它。必須要作的歷史將會有關於此一真象意志（volonté de vérité）、此一知識訴求，而它這許多世紀以來，現在達到使得性閃閃發光：一段固執和激烈的歷史。在它可能的快感之外，我們對於性要求些什麼，以致於我們如此固執？是什麼樣的耐心或熱望，使得我們將性構成為祕密、全能的因素、隱藏的意義、無盡的恐懼？為何發現此一困難的真象的任務最後反轉為

邀請解除禁制及擺脫絆索？任務因而是如此地艱困，使得必須以此一承諾來迷惑它？或者，此一知識的代價如此地高……不論是政治的、經濟的、倫理的——為了使得每個人在此臣服，必須不無弔詭向他確保它在此可找到其解脫？

　　為了提供將來研究的脈絡和定位，以下是一些我們可以暫時接受的廣泛主張，它們有關於關鍵焦點、方法、將要遍歷的領域及時期劃分。

i.　　G.-A. Bürger，轉引自叔本華（Schopenhauer），《愛情形上學》
　　　（*Métaphysique de l'amour*）。

Enjeu

第一章
關鍵焦點

為何要進行這些研究？我完全明瞭以上所作的簡略描述，為不確定性所穿透；此一不確定性很有可能會使得我所計畫作的更詳盡調查產生嚴重問題。我已重複了上百次西方社會晚近幾世紀並不顯現出一個主要是壓抑性質的權力遊戲。我的主張是依循著將此一意念解除它的作用（mise hors jeu），但假裝不知道已有一個批判已經受到進行，而且其方式還更加基進：這個批判是在慾望的理論這個層次進行的。性不是受到「壓制」，這實際並不是很新的定論。精神分析師很久以前已經說出這點。他們否定了我們在談論壓抑時所樂於想像的簡單小機制；有個必須馴服的反叛能量，這個理念對他們來說並不足以解讀權力和慾望之間的組構方式；在他們的假設中，這兩者是以更複雜和更原初的模式相連結，而不是一個野性的、自然的及活生生的能量，由下方不斷地要上升，而另有一個位於上方的秩序，它總是尋求阻擾它，這兩者之間的遊戲；因而沒有必要想像慾望是受到壓抑，其好理由便是律法乃是慾望的組成部分，而匱乏建立了它。有慾望的地方便已經存有權力關係：將它揭發為存在於事後施行的壓抑乃是一種幻覺；但尋求一個不受權力管轄的慾望也是虛妄的。

然而，以一種頑固的混淆方式，我有時談論**壓抑**，有時談**律法**，禁制或檢查制度，彷彿它們是可相等同的事物。我錯誤地認知——固執或是粗心——它們的理論或實務上所含帶事物所有可能的區別。我相信人們很有正當權利和我這樣說：您不斷地指涉權力的正面性技術，您是想以最小的成本在兩方得利；您只取敵人最脆弱的形象，因而混淆了他們，然則只談論壓抑，您想要逾越本份地使人相信您擺脫了律法的問題；然而您原則性保留了律法型權力，即其根本的實務後果，也就是說人們無法逃脫權力，它總是早已存在，而即使人們企圖要反對它，此一反對也是由它構成的。對於壓抑性質的權力，您只保留最脆弱的理論元素，並且這是為了批判它；對於律法型權力的理念，您保留了它最荒蕪的政治面效應，而這是保留它以作己用。

　　後面要發展的調查研究，其關鍵焦點，比較不是朝向一個權力的「理論」（théorie），而是權力的「分析」（analytique）：我想說的是朝向界定一個由權力關係所形成的特定領域，以及決定足以分析它的工具。然而，對我來說，這個分析的構成，其條件似乎只能是好好掃除一番，並且擺脫某種權力的再現，

而這是我會將之稱為「司法—論述」（juridico-discursive）型的再現——之後會看到為何如此的原因。同時掌控著壓抑主題和律法作為慾望構成的理論的，便是此一構思方式。換句話說，區分本能的壓抑和慾望的律法這兩種分析的，很可以確定乃是其構思衝動的性質和動態的方式不同，而不是其構思權力的方式。兩者借用一個共同的權力再現，而根據它的使用和它相對於慾望的位置，會引領到兩個相對立的結果：一個是對「解放」的許諾，而這時權力對慾望只有外部的掌握，另一個是權力作為慾望本身的構成者，則引領至它的肯定：您總是被陷阱捕捉。另外，也不要想像，此一再現只專屬於權力和性之間關係的問題。它事實上更為廣泛：在權力的政治分析中會經常遇到它，而且它無疑是深植於西方歷史之中。

以下是它的一些主要特徵：

· **負面關係**。在權力和性之間，其中被建立的關係只能是負面模式：拋棄、排除、拒絕、阻擋或是更進一步的隱藏或遮蓋。權力對於性和快感沒有「能夠」作什麼，除了對它們說不；如果它生產，那只

是缺席或空缺；它省略元素，導入不連續性，分開
連結者，標定邊界。它的效果的一般形式是界限及
缺乏。

· **規則的作用者**。權力主要是對於性立下律則者。這
首先意謂，性被放置於一個二元的體制之下：合法
及不合法，允許和禁止。接下來，這意謂權力對性
立下一道「秩序」，而它也同時作為一種可理解性
的形式來作用：性以它和律法的關係來受到解讀。
最後，這意謂權力的行動是宣說規則：權力對性
的掌握乃是透過語言，或是透過一個論述行動，
而只是透過它的發言，它創造出一種法律狀態。它
說話，而這便是規則。權力的純粹形式，可在立法
者的功能中發現；相關於性，它的行動模式乃是司
法─論述類型。

· **禁制的套組**：你不能靠近、不能觸碰、不能完成、
不能感受快感、你不能說話、不能出現；最極致時，
你不能存在，除非是在陰影和祕密之中。對於性，
權力只扮演一種禁止的律法。它的目標：性放棄自

己。它的工具：威脅懲罰，那不是別的，就是抹消。自我放棄不然就要接受被抹除的懲戒；如果你不要消失便不要出現。你的存在的代價便是被取消。權力限制性時，使用的禁制乃是玩弄著兩種不存在的選項。

· **檢查制度的邏輯**。此一禁制被預設有三種形式；確認這不受允許，阻止它被說出，否定它的存在。表面看來，這些形式難以協調。但人們在此想像出一種連串的邏輯，而那將是檢查制度的特質：它將不存在、不合法及無法表達相連在一起，其方式並使得其中每一項都成為其它項的原則和效應：被禁止的事物，便不能被說出，直到它在真實之中被取消；不存在的事物便沒有任何顯現的權利，即使是在說出它不存在的言語類屬之中；人們必須保持沉默的事物便由真實之中排除，像是最受禁制的事物。作用在性之上的權力的邏輯應該是一個弔詭的邏輯，它可以自我宣示為不存在、不顯現和保持沉默的命令。

· **設置的統一**。在所有的層面，作用於性的權力都以相同方式運作。由上到下，在其全面性的決定和其毛細管式的干涉中，無論是它所依靠的任何機制和機構，它都是用一種同一和龐大的方式動作；它的運作是藉由律法、禁制和檢查制度的簡單又可無限複製的機件組合：由國家到家庭；由君王到父親、由法庭到日常的小小處罰、由社會宰制的作用到主體本身的組成結構，只是規模的不同，但都可找到權力的普遍形式。這個形式，便是法律（le droit），及相應的合法及不合法、逾越及處罰的遊戲。其形式可以是頒布法律的君王，作出禁制的父親，使人沉默的檢查制度長官，或是說出律則的師傅，總之權力被圖示化於司法形式之下，而它的效力被界定為服從。在一個作為律法的權力面前，主體被建構為主體／臣服者（sujet）—— 成為「臣服之人」（assujetti）—— 也就是服從之人。對於權力在這些作用者形式上的同質性，和其相符應的是受其限制者身上的普遍的順從形式 —— 不論那

是面對國王的臣民、面對國家的公民、面對父母的小孩或是師傅面前的徒弟。一方是作為立法者的權力，另一方則是服從的臣服者。

在權力壓抑性此一普遍主題之下，就如同在律法構成慾望此一理念之下，可以找到權力同一個受預設的機制。它被以奇特的方式界定為具限制性的。首先，此一權力資源有限、程序簡省、使用單調的戰術、無能力創新，而就像是被強迫總是要自我重複一般。接著，這是一個只有［說］「不」的力量的權力；它的狀況是什麼都不生產，只善於設下界線，它根本上是個反能量；這是它的效能中的弔詭：對什麼都沒有能力，除了使得臣服於它者自己也什麼都不能，除非是它放手讓他可以作的。最後，因為這個權力的範式根本上是司法性質，只集中於律法的陳述及禁制的作用。所有宰制、順從及臣服的模式最後都回返到服從的效應。

為何人們會如此容易地接受此一以司法構想權力的方式？而且這麼一來便省略了其中所有具生產性的效力、策略上的豐富性、正面性？在我們這樣的社會中，權力機制數量是如此地

多，其儀式如此地明顯可見且其工具終究是如此地可靠，在這樣一個無疑是相較於所有其它社會更具創新力量於創發微妙且靈敏的權力機制，為何出現此一傾向，即只以負面和無血肉的禁制形式來辨識它？為何將宰制的機制只矮化於禁制性律法的單一程序？

一般性及戰術性理由看來似乎是自然而然的：權力只有在遮蔽自己重大的部分時才是可以忍受的。它的成功和它得以隱藏其機制成正比。如果權力是完全犬儒的，它可以被接受嗎？祕密對它而言和濫權不是同一類屬的事物，它對權力的作用乃是不可或缺的。不只是因為它將祕密強加在它使其屈服的人物身上，而且也許這對他們也是不可或缺的：他們會接受它嗎，如果他們在其中只看到對其慾望設下單純的界限，而留下完整的一部分 —— 即使這是縮減的 —— 自由？權力作為一種單純地對自由設限，至少在我們的社會，這乃是它的可接受性的一般形式。

這其中或許有個歷史因素。在中世紀開始發展的大型權力機制 —— 王室、國家及其各機器 —— 其擴大活力的背景乃是一大群先存的權力，而且又某種程度地反抗它們：高密度、

相互纏繞、抗衡的權力，連結於對土地直接或間接的主宰、武器的擁有、農奴體制、宗主權和附庸地位的權力。如果這些機制得以建立，如果它們透過一系列的策略性結盟而能使得自己受到接受，那是因為它們將自己呈現為調節者、裁判者及限制者，像是在這些權力之間導入秩序的一種方式，並設下原則使它們順延著邊界及既有層級得到緩和及分配。這些權力的巨大形式，面對著複多和相互對抗的力量，在所有這些異質的權利之上，如同權利的原則般地運作，並具有三重特質，即構成一統一整體、使自身意志等同於律法、透過禁制和認可的機制來運作。它的**和平與正義**（*pax et justitia*）的說法，表述它所宣稱的功能，標舉和平為禁止封建及私人的戰爭，而正義則為中止爭端私鬥的方式。當然在此王權巨大體制的發展中涉及許多有別於純粹及簡單的建立司法制度的事物。但這便是權力曾持有的語言，它的自我呈現，而由中世紀建立的或由從羅馬法重新建立的公法理論可以作為見證。法律不只是國王們靈活揮舞的一支武器；對於王權體系，它乃其顯現模式和可接受性形態。自從中世紀以來，在西方社會中，權力的施行總是以法律表述。

一個可上溯至 17 或 19 世紀的傳統，使得我們習慣於將絕對王權放置在非—法律（non-droit）的一方：隨意、濫權、任性、絕對意志、特權、例外，既成事實的傳統性持續。但這是遺忘了西方王權的歷史特點，包括它乃是以作為法律體系而建立的，且以法律的理論來自我思考，並且以法律形式來運作其權力機制。布蘭維利耶（Boulainvilliers[1]）過去對法國王室的古老譴責——即它曾利用法律和法學家取消了貴族的權利並將其貶低——無疑大致上是有其根據。透過王權和其機制的發展，建立了一個司法—政治的維度；它當然並不符合權力曾經運作及正在運作的方式；但這便是它自我呈現的符碼，而且要求人們如此思考它。王權的歷史和權力的事實和程序為司法—政治論述所覆蓋，這兩者是攜手同行的。

1.　　譯註：Henri de Boulainvilliers （1658-1722）為法國貴族、作家與史學家。他的史學作品及政治工作有許多以貴族的衰落為核心。傅柯曾在其 1976 年法蘭西公學院（Collège de France）的課程《「必須保衛社會」》（« Il faut défendre la société »）中大量討論其作品和思想。

然而，雖然曾有使司法體系脫離王權體制，以及使政治脫離司法的努力，權力的再現仍是陷入此一體系之中。比如兩個例子。18 世紀法國對王權體制的批判並不是為了反抗司法—王權體系而起，而是以一個純粹、嚴謹的司法體制為名義，在其中可以無過度及無不規則地放置所有的權力機制，它要反抗的王權雖有其肯定法律體系之處，卻不斷地溢出於它，並將自己的地位放在法律之上。政治評論於是利用了所有陪伴王權發展的司法反思來譴責它；但它並沒有質疑法律系統應該是權力的特有形式，以及權力總是要以法律作為形式來施行此一原則。另一種類型的政治體制批判出現於 19 世紀；更加基進的批判，因為它涉及的是顯示不只真正的權力脫離了法律的掌握，而且，法律體系本身只是另一種施行暴力的方式，將它併入是為了特定人的利益，並且是在普遍的律則的表象之下，運作著某種宰制的不對稱及不公義。然而，此一法律系統的批判，其形成基礎仍是一個預設，即權力就其本質及理想而言，應該是依據一個基本法體系運作。

　　就其根柢而言，即使時代和目標不同，權力的再現仍然受到王權的縈繞。在政治思想和分析之中，國王的頭一直未被

砍下。這便是為何，在權力理論之中，法律體系與暴力、律則及非法性、意志與自由的問題仍被視為是重要的，而其中尤其重要的是國家和主權的問題（即使此一問題不再是以君王本人而是以一集體存有作為提問對象）。由這些問題出發來思考權力，乃是把其出發點放置在我們社會一個非常特殊的歷史形式之中：司法王權（monarchie juridique）。它非常特殊而且無論如何是過渡性的。這是因為，如果它的許多形式曾經殘存而且將繼續存續，非常新穎的權力機制已慢慢地滲透它，而它們非常可能是無法被化約為法律型態的再現。本文之後將會顯示，這些權力機制至少有一部分是自從 18 世紀以來即負責處理人的生命，作為活生生身體的人。如果說司法體系曾經以無疑並非窮盡的方式，服務於再現一個本質上集中於抽取和死亡的權力，它和權力的新施行方式絕對是異質的，後者不依據法律運作，而是依技術運作，不依據律則而是正常化，不依據刑罰而是依據控制，而後者所運作的層次與形式超溢國家及其各機器。自從數世紀以來，我們已進入一個不同類型的社會，在其中司法越來越不能作為權力的符碼或是作為它的再現系統。我們的發展傾向使我們越來越遠離一個法律的體制，而當法國大

革命發生，它即已開始向過去後撤，即使革命和其相伴的憲法及法典時代似乎許諾它一個將臨的未來。

　　在當代有關權力和性之間關係的分析中，仍在作用的乃是此一司法型態的權力再現。然而，問題不是去了解慾望是否真的和權力是相陌生的，是否如同人們經常想像的，它是存於律法以前的，或者是否一點都不是律法構成了它。這些並不是重點。不論慾望是如何，無論如何人們繼續以它相對於一種總之是司法性質和論述性質的權力來構思它——這樣的權力的中心點是法律的頒布。人們仍繼續束縛於某種律則—權力，主權—權力的形象，而這是法律體系及王室體制的理論家所描繪的。必須要由其中走出來的便是此一形象，也就是法律和主權在理論中的優勢地位，如果我們作的是權力運作方式具體的和歷史性分析。所需要建立的權力分析不能再以法律體系作為範式和符碼。

　　這部性史，或毋寧說此一系列研究，乃是有關於性的權力和論述的歷史關係（rapports historiques），我很願意承認它是個循環性的計畫，意思是其中涉及的是兩個相互指涉的企圖。嘗試為我們鬆脫一個司法性質和負面性質的權力再現，放

棄以律則、禁制、自由、主權為其思考要項：如此一來，那麼要如何分析，晚近歷史中一表面上在我們生活中和我們身體上最受禁制的事物，即是性，到底發生了什麼？如果不是以禁止和阻絕的模式，權力如何能達到它？是透過什麼樣的機制、戰術、或是設置？然而，讓我們回過頭來先假定，一個較為仔細的檢視將會展示，在現代社會中，權力事實上並不是以律法和主權的模式主宰著性；假設歷史的分析顯示真正的性「科技」（"technologie"）的確存在，而且比單純的「防衛」效應更加複雜許多，也更加正面（positive）；由這時起，此一例證──我們不得不將它當作是有優先地位的，因為在此，權力比起其它地方，都更像是以類似禁制的樣子在運作──不就會迫使我們對權力，提出一些分析原則，它們不屬於法律系統及律則的形式？於是，這裡涉及的是提出另一種權力理論，並同時形成另一個歷史解讀的框架；而這大約是針對近乎一整套的歷史材料，逐漸地向另一個權力的構思方式前進。同時思考沒有律則的性，沒有國王的權力。

Méthode

第二章
方法

於是：分析某種有關性的知識的形成，其角度將不是壓抑或律則，而是權力。但「權力」（pouvoir）這個字眼，會有帶入數個誤會的風險。有關其身分、形式、統一性的誤會。透過權力（pouvoir），我要談的不是大寫的權力（le Pouvoir）概念，像是在一特定國家之內，確保公民臣服的機構和部門所形成的整體。經由權力，我要指的也不是一種使人臣服的模式，它和暴力相對，是以規則為其形式。最後，我要指的不是一種宰制的一般形式，由一個元素或團體施行於另一者，其效力，透過層層分流，穿越社會整體。以權力為角度的分析，不應預設國家主權、律則形式或一個宰制的整體統一作為起始的給定條件；以上這些比較是終結的形式。權力對我而言似乎必須首先將其理解為複多的力量關係，它們內在於（immanents）它們所運作於其中的領域，並和其組織有構成性的關係；透過不停的鬥爭、對抗所進行的遊戲（jeu），將之改變、增強、逆轉；這些力量關係在彼此之間找到支撐，於是能形成系列或系統，或者相反，隔離出彼此的間隔、矛盾；最後是它們在其中產生作用的策略（stratégies），其一般性的設計或是機構性質的結晶在國家

機器、律法表述及社會霸權中具體化。權力的可能性條件，或者無論如何可以使它的運作，甚至其最「邊緣」的效果成為可理解的觀點，而此觀點又能允許利用其機制作為社會場域的可理解性隔柵，其尋找不應是一個中心點的初始存在、一個主權的獨特聚合點，由此才發散出衍生的或次級的形式；要找的是力量關係的移動基座，不停地透過其不平等導入權力的狀態，而這些狀態總是局部的和不穩定的。權力的無所不在：不是因為它有將一切收攏於其不可克服的統一性之下的優勢地位，而是因為它產生於每一個時刻、每一個端點、或者毋寧說，於一個點和其它點之所有關係之中。權力到處存在：這不是說它包含全部，而是說它由各處而來。而所謂「那」權力（"le" pouvoir）的恆存、重複、惰性、自我複製，只是整體所生的效果，它之所以能受到描繪，乃是由所有這些能動性開始，那也是在這些能動性之中尋得支撐的鏈結，而此鏈結又回頭尋求其固定。無疑必須要持著唯名論立場：權力不是一個機構、結構，不是某些事物被賦與的一種力量：這是在一給定的社會中，一個複雜的策略情境所得之名。

那麼，是否應該反轉表述方式，說政治乃是以其它手段延

續的戰爭？如果我們意欲總是在戰爭和政治之間保持間距，也許毋寧應該提出此一複多的力量關係能以——部分地而且從來不會是全體地——「戰爭」形式或「政治」形式編碼；這將是兩種不同的策略（但可迅速地由一個倒向另一個），以整合這些失衡的、異質的、不穩定的、緊張的力量關係。

順著這條線索，我們可以提出某些命題：

· 權力不是某些可獲得、爭取或分享的事物，可以受保持或使其脫離掌握；權力的施行是由無可勝數的端點起始，並處於不平等和動態的多個關係遊戲中；

· 權力關係（relations de pouvoir）相對於其它類型的關係（經濟過程、認知關係、性關係）並不是位於一外部位置，而是和它們保持內在的（immanentes）關係；它們是在其中產生的分配、不平等及失衡的立即效果，而以一種相互性的方式，相互地它們也是這些分化的內在條件；權力關係並不是位於上層結構，並且只扮演禁止和驅逐的角色；在它們發揮

之處，它們扮演著直接的生產者角色；

· 權力是由下向上而來；也就是說，在權力關係原則
上，像是一個普遍的母模，並不是存有一個一般的
及全面的二元對立，介於宰制者與被宰制者之間，
而這個雙元性是由上而下迴響，進入越來越限縮的
團體，直到社會體的深處。我們毋寧要假設複多的
力量關係，它們在各部門中形成並相互作用，包括
生產部門、家庭、非開放性團體、機構，而這些力
量關係的角色是作為遍布社會體整體的大型分裂效
果的載體。它們於是形成了一條具普遍性的力線
（ligne de force générale），穿越局部的衝突並將它
們連結；當然，反向地，它們在它們之中進行重新
分配、對齊陣線、同質化、系列化布置、製造聚合。
大型的宰制乃是霸權的效果，而這些效果受所有這
些衝突的強度持續地支撐。

· 權力關係同時是具有意向性的（intentionnelles）
但又不是主觀的。如果事實上它們是可理解的，
那不是因為它們是一個因果關係中的結果，受制

於另一個施作者，然而這將能「解釋」它，而是它們在各處皆然，都是受到一個計算（calcul）所穿越：如果沒有一系列的標定及目的就不會有權力的施行。但這並不表示它乃是一個個別主體的選擇或決定的結果：我們不要去尋找主導其合理性的總參謀；既不是統治階級、也不是控制國家機器的團體，也不是最重要的經濟決定的決策者在經營一個社會中作用於全體的權力網絡（它並使此社會得以運作）；權力的合理性（rationalité），乃是戰術的合理性，而且這些戰術在其所處的層次經常是相當明白清楚的——權力在局部的犬儒主義——它們相互鏈結、呼喚及增殖，在其它地方找到其支撐及條件，最後描繪出整體的設置：在此，邏輯仍是完美地明白清楚，標靶可以解讀，然而卻沒有任何人加以構思，而且很少人可以表述它：這是大型匿名戰略不明言的特質，它接近沉默，但整合滔滔不絕的戰術，而這些戰術的「創發者」或負責人經常不自我掩飾；

‧有權力之處，便存有抵抗，然而，或者毋寧應說，正因為如此，抵抗相對於權力並沒有外部性的位置。是否必須說，我們必然會位於權力「之中」，不能「逃避」它，而相對於它，並沒有絕對的外部性，因為我們將會不可避免地臣服於律法？或者說，既然歷史是理性的狡智[1]，那麼，權力將是歷史的狡智 —— 永遠獲勝的一方？這將會是錯誤認知權力關係中嚴格地和關係性（relationnelle）有關的特質。它們的存在，有賴於許多抵抗點：它們在權力關係中扮演的角色是敵對方、標靶、支撐、可握持的突出把柄。在權力的網絡中，這些抵抗點到處存在。因而，並沒有相對於權力的一**個**偉大拒絕的所在 —— 叛軍的靈魂、所有反叛者的群聚處、革命者的純粹律則。而是存有**許多**的抵抗，而它們各有其類屬：可能的、必要的、不太可能發生的、自發的、野蠻的、孤獨的、協調一致的、匍匐前進的、暴力的、不能合解的、敏捷於交涉的、有利害關係的或有犧牲精神的；依定義，它們只能存於權

力關係的策略場域中。但這並不是說它們只是其反作用、挖空處鏤刻出的標記、相對於根本的宰制所形成的反面而且終究是消極的、命定於無限定的失敗。抵抗並不來自某些異質的原則；但它們也不因此便是欺人的誘餌或必然無法實現的許諾。在權力關係中，它們乃是相對項，像是銘刻於其中無法化約的面對面。它們也同樣，是以不規則的方式分配的：抵抗的端點、結節、聚合處乃是以或多或少的密度散布於時空之中，有時興起一些不會回頭的團體或個人，點燃身體的某些點、生命的某些時刻、某些類型的行為。激進的大斷裂，二元且巨量的劃分？有時是如此。但更常見的是具能動性和過渡性的抵抗點，在社會中導入分歧，而這些分歧會移

1.　　譯註：「la ruse de la raison」這個説法來自德國哲學家黑格爾的歷史哲學，指的是人自以為可以操縱自然，但由另一個歷史經驗的層次來看，人是受到更大力量利用的。

動，破壞各種統一，引發新的集結，在個人自身畫下溝紋、將他們切割及重塑，在他們的身體和心靈，劃分出不可化約的區域。就像權力關係最後會形成一個濃厚的組織，穿越部門和機構，但並不在其中確定地局部化，同樣地，抵抗點的如同蜂巢分蜂 (essaimage) 般的擴散穿越了社會階層和個別單位。無疑是這些抵抗點策略性的編碼化使得一場革命成為可能，有點相像於國家立足於權力關係的機構性整合。

便是在此力量關係的場域中，必須嘗試分析權力的機制。我們將可以如此方式離開君王—律法（Souvrain-Loi），而它曾如此長久地使政治思想為之著迷。而且，如果馬基維利（Machiavel[2]）真的是少數曾由力量關係角度思考君王權力的思考者之一——這無疑是他的「犬儒主義」造成醜聞的地方——那麼也許還有必要更進一步，擺脫君王這個人物，以內在於力量關係的策略來解讀權力機制。

為了回到性和負責處理它的真值論述，要解決的問題不應

該是：某種國家的結構既是如下，究竟如何及為何「那」權力有必要建立一個性的知識？也不會是：自從 18 世紀以來，對於性產生真象論述的細心努力是服務於哪一個宰制的整體？也不是：什麼樣的律則同時支配了性行為規律性和人們談它時的順從性？而應是：在特定談論性的論述中，在特定真象的榨取形式中，而且後者是歷史性地並在特定場所中出現（圍繞著兒童的身體、針對女人的性、當論及生育控制的實施方式時等），作用於其中，立即直接的，最局部性的權力關係為何？它們如何使此種論述成為可能，並且反過來，這些論述如何作為其載體？這些權力關係的遊戲如何受到其運作本身改變—— 某些項目加強、某些減弱、抵抗的效應、反向投注，以致於不曾產生過一種穩定的，且產生後便不再改變的臣服類型？這些權力

2.　　譯註：Nicolas Machiavel（義大利原文為 Niccolò di Bernardo dei Machiavelli，1469-1527）為佛羅倫斯人文主義者，政治學、史學及戰爭理論家，也是詩人和劇作家，曾為佛羅倫斯宮廷服務多年，並出使教廷和法國。其名著為《君王論》（1523）。

關係之間是如何以一種全面性的邏輯相互連繫，使得在事後看來，會產生一個統一而且有其意志的性政策？大致如下：與其以一個巨大權力的單一形式為準則，以之解釋施作於性之上所有無限微小的暴力，所有放置在它身上的困擾目光及人們扭曲其可能認識的所有遮掩，這裡涉及的是將性論述的豐富生產沉浸於複多又動態的權力關係場域中。

　　以上引導至先置性地設立四個規則。但它們並不是方法上有力的要求；最多是關連於謹慎的指示。

　1. **內在性規則**（*Règles d'immanence*）

　　不要認為存有某一性的領域是因其自身應然地屬於一個科學的、無利害關心的及自由的認知，而是要考量是根據何種 —— 經濟的或意識型態的 —— 權力的要求，使得禁止的機制得以運作。如果性本質成為一個認知的場域，那是由於權力關係將它建構為可能的對象；而反過來，如果權力可以將它當作標的，那是因為知識、論述程序已有能力投注於它。在知識技術和權力的策略之

間，並不存在外部性，即使它們各有其特定角色，並且由其差異出發相互地組構。於是，我們的出發點將是可被稱為權力—知識的「局部聚焦」（foyers locaux）：比如說，在悔罪者和受告解者之間形成的關係，或是在信徒和指導者之間：在那裡，並且是處於要被征服的「肉身」的影響力之下，不同形式的論述──自我檢視、盤問、告白、詮釋、對談──在一種不斷的來去流通之中，傳遞著種種臣服的形式和認知的圖式。同樣地，受監控的兒童身體，在其搖籃中、睡床上或房間中受到包圍，其圈圍者包括父母、奶媽、僕人、教師、醫生，個個皆關注著它最微小的性的顯示，特別是由 18 世紀開始，曾經形成另一個權力—知識的「局部聚焦」。

2. **持續變化規則**（*Règles de variations continues*）
不要在性領域的層級類屬（男人、成人、父母、醫生）中尋找誰有權力，誰沒有權力（女人、青

少年、兒童、病人……）；也不要尋找誰有知的權利，誰被強力維持於無知之中。而是毋寧要去尋找變化的圖示（schéma des modifications），而這是權力關係在其運作自身中即含帶的。「權力的分配」，「知識的獲取」從來只是代表一些短暫的出擊，而那是建立在一些過程之上，包括最強力元素的累積增強、關係的逆轉、兩個項目的同時增長。權力－知識的關係並不是以給定形式作分配，而是一些「轉化的母模」（matrices de transformations）。19世紀形成的整體，包括父親、母親、教師、醫生，他們圍繞於兒童和其性之旁，經歷了不斷的變化、持續的位移，而其中最令人側目的結果之一乃是一段奇異的反轉：兒童的性慾，其問題化一開始是在醫生和父母間的直接建立的關係中（其形式包括顧問、監控的建議、對未來的威脅），最後則是在精神治療師和兒童的關係中使得成人本身的性傾向成為受質疑的對象。

3. **雙重制約規則**（*Règles du double conditionnement*）

沒有任何「局部聚焦」、任何「轉化圖示」可以
運作，如果透過一連串的接續的鏈結之後，它最
後不能整合於一個整體的策略。相反地，沒有任
何策略可以確保全面性的效力，如果它沒有獲得
其支持於精確但微小的關係上，這些關係不是作
為它的應用及結果，而是載體和錨定點。由一者
到另一者，並沒有不連續性，如同這裡涉及的是
兩個不同的層次（一個是微觀的，另一個是宏觀
的）；但它們之間也沒有同質性（彷彿一者只是
另一者的放大投射或縮小化）；這裡必須要持有
的思考方式毋寧是一種雙重制約，戰略受到可採
用的戰術的特定性所制約，而戰術則受到包裹它
們並使其得運作的戰略所制約。於是，家庭中的
父親並不是君王或國家的「代表」；而後者也遠
不是父親在另一個規模上的投射。家庭並不再製
社會；反過來社會並不模仿家庭。但家庭這個設
置，正因它相對於其它權力機制的孤島性格及形

態異樣的特質，而能夠支持馬爾薩斯[3]式人口管控的大規模「操作」（manoeuvres）、人口增加論者的鼓動、性的醫藥化和非生殖形式的性的精神治療化。

4. **論述戰術的多價運用規則**（*Règles de la polyvalence tactique des discours*）

針對性所訴說的，不應分析為這些權力機制單純的投射平面。權力和知識的確是在論述中相互組構。然而也就是因為這個原因，必須把論述設想為一系列不連續的段落，它們在戰術上的作用既非全體一致，亦非穩定的。更精確地說，不應將論述的世界設想為分割成接受的論述及排除的論述，或是宰制的論述和被宰制的論述；而是有複多的論述元素，它們可以在論述的戰略中發揮其作用。須要被重構的是此一分布，其中包括了被說出和被遮蓋的事物、被要求作出的和被禁止的發言；包括其中預設的變化和不同效應，而這

又根據是何人說話、他的權力位置、他所在的機構性脈絡；其中也包括同樣的表述方式因為相反的目標而產生的位移或重新使用。和沉默可相比擬，論述並不是一次性地終結臣服於權力或被挑動來反對它。必須接受有一個複雜且不穩定的遊戲，在其中論述可以同時是權力的工具和效果，但也可以是其障礙物、攔阻、抵抗點和一個對立論述的起始點。論述傳遞及產生權力；它將之增強但也暗中破壞它、暴露它、使它脆弱並允許阻擋其發展。就好像沉默和祕密為權力提供庇護，錨定其禁制；但它們也放鬆其掌控並經營出多少是晦暗的寬容。此處可想到所謂「最」反自

3. 譯註：馬爾薩斯（Thomas Robert Malthus，1766-1834），英國牧師、人口學家和政治經濟學家，其《人口學原理》（*An Essay on the Principle of Population*）至今仍影響深遠。

然的大罪孽。各文本對於索多瑪式犯罪［雞姦］

（sodomie[4]）——此一如此混淆不清的範疇——

的極端保留，在談論它時接近普遍的遲疑，曾經

長期允許雙重的作用：一方面是極端的嚴厲（一

直到 18 世紀都還對它實施的火刑，直到此世紀

中期前都未能表達出重要的抗議），而另一方面

則是很確定地有非常大的寬容（這推導可以來自

稀少的司法定罪，而它更直接的感知則是某些男

性社會中的見證，比如是在軍隊或學校中）。然

而，19 世紀出現於精神治療、司法審判，也及於

文學之中的，一整個系列的論述談及類屬和次類

屬的同性戀、性倒錯、雞姦、「心因性雌雄同體」

（hermaphrodisme psychique），當然是允許社會

控制得以強大地進展於此一「變態」的領域；但

它也允許一個「回向」論述的形成：同性性愛開

始談論自己，訴求其合法性或它的「自然性」，

而這往往卻是透過醫學上將其去除資格的語彙及

範疇。並不存在一個權力的論述在一方，而在其

對面，存在另一個和它對立的論述。論述乃是力量關係場域中的戰術元素或是團塊；在同一個戰略中可以存有不同的，甚至相反的論述；它們也可以相反地在對立的戰略中流轉而不改變形式。對於談論性的論述，不須要先置地去提問它們是由何種理論發展而出，或是它們重新推導了何種道德劃分，或是它們代表了何種意識型態——宰制的或被宰制的；要作的是以兩個層次向它們提問，一個是它們的戰術上的生產性（它們確保何種權力與知識的相互效能）及它們的戰略上的整合性（何種具體特定情況及力量關係使得它們的使用成為必要，並且是在哪一個由此產生的對抗情節之中）。

4.　　譯註：此字詞源來自聖經《創世紀》中為神怒所毀滅的城市之一索多瑪（Sodome）。

總體而言，在此涉及的乃是導向一個構想權力的方式，它以目標的觀點取代律法的優勢地位，以戰術的效力取代禁制的優位，以複多及動態場域中的權力關係分析取代主權的優位，而在此場域中產生了宰制的全面效力，從來不是完全穩定的。與其採取法律為模型，不如採取策略為模型。之所以如此，並不是思辨上的選擇或理論上的偏好；而是因為西方社會的根本特徵之一，乃是過去在戰爭中，且是所有形式的戰爭中找到其主要表達的力量關係，已一點一滴逐漸地投注於政治權力類屬之中。

Domaine

第三章
領域

不能把性描述為一股倔強的力量，相對於權力而言，乃是依其本質而為陌生的、依必要性而為不順服的，而權力這方為了要使它臣服，用盡了力氣，也經常無法完全馴服它。它看起來更像是個權力關係的通過點，而且密度特別地高：介於男人與女人、年輕人與老人、父母與其子嗣、教師與學生、教士與俗眾、行政組織和一群人口之間。在權力關係之中，性不是最沉重的元素，但毋寧是最具工具性質的元素之一：對於最大量的運作都是可利用的，並且對於最多樣變化的策略則可被當作支撐點。

並不存在一個單一的、全面的、且對社會整體皆有效的策略，可以用處處同一的方式對所有的性的展現有效施行：比如說，認為人們經常尋求以不同的手段將全部的性化約為生殖功能、異性愛及成人的形式，以及它在婚姻中獲得的合法性，這個理念顯然無法說明性政策（politiques sexuelles）中的複多標的及其中被運用的多樣手段，而此一政治和兩性、不同的年齡及多樣的社會階級皆有關係。

初步看來，由 18 世紀開始，似乎我們可以區分出四個大的策略集合，它們針對性發展出知識和權力的特定設置。它們

並非在此時便一下子完整誕生，但那時它們獲得一種內部的邏輯一致性，並在權力的類屬中達到某種有效性，這使得我們得以就其相對的自主性加以描述。

女性身體的歇斯底里化：女性身體曾以三個進程被分析——定性和去除資格——而成為一完全為性所充滿的身體；透過一內在於此一身體的病理學之效力，它被整合於醫療實踐的場域；透過它，最後和社會體建立起有機的連通（它必須確保其有規則的生殖），而此一連通的對象也包括家庭空間（它必須是其中的實質及有效的元素）、兒童的生命（由它產生，而它也必須加以保證，而其生物—道德責任包括整個教育時期）：母親，以其作為「神經緊張的女人」此一負面形象，構成此一歇斯底里化最可見的形式。

兒童的性的教學化：以一雙重的確定，認為所有的兒童皆已或可能會沉緬於一種性活動；並且此性活動是

不該有的，同時是「自然的」和「反自然」，在它之中帶有生理的和道德的、集體的和個人的危險；兒童被定義為「門檻邊緣」的性存有（êtres sexuels），雖然性發展還不完整但已存於其中，處於一條危險的分界線上；父母、家庭、教師、醫生、心理學家之後應負起責任，以持續的方式處理此一性之萌生，它是寶貴又危怠的，危險的又身處危險的；此一教學化特別是在對抗手淫的戰爭中顯露其自身，而此一戰爭在西方維持了將近兩個世紀。

生殖行為的社會化：就男女間的生育作經濟性質的社會化，乃是對之加以鼓勵或抑止，而其措施可以是「社會的」或財政的；政治性質的社會化乃是使得兩人相對於社會體整體產生責任感（它必須限制此社會體或相反地將之加強），個人和物種醫學性質的社會化，則是透過能成為生育控制實行所用的致病源效力。

最後是變態快感的精神治療化：性本能被孤立出來當作是一個生物性質和心理性質的本能；其所有可能遭受的各種形式的反常，皆受到臨床分析；此一分析被設定具有整體性行為的正常化和病理化的角色；最後，對於這些反常則尋求其矯正科技。

關於性的憂慮，可上溯於整個 19 世紀，其中有四個形象被描繪出來，它們是知識的優先對象，知識活動的標的和錨定點：歇斯底里的女人、手淫的小孩、馬爾薩斯［人口論］中的夫婦、變態的成人，其中每一個皆和這些策略中的一項有關連，而後者以其各自的方式，穿越並利用兒童、女人及男人的性。

那麼這些策略涉及了什麼？一個和性對抗的鬥爭？或是將其控制的努力？為了更能加以支配的嘗試，並試圖遮蔽其中不夠含蓄、引人側目和不順服的部分？針對它表述恰好可以被接受和有用的知識部分？事實上，它涉及的毋寧是性領

域[1]（sexualité）本身的生產。關於後者，不應將它視為某種自然的給定，而權力尋求加以克制，或是像是一個晦暗的領域，而知識嘗試一點一滴地加以揭露。這是我們可以為一歷史設置所給予的命名：它不是一個位於底層的現實，掌握起來有其困難，而是表面上的巨大網絡，在其中身體的刺激、快感的加強、論述之鼓動、認知的形成、控制和抵抗的增強，根據數個知識和權力的大戰略相互鍊結。

我們可以接受，性關係當然在所有的社會都會使得一個**聯姻設置**（*dispositif d'alliance*）得以產生：婚姻體系、親屬關係的固定及發展、名字及財物的傳承。此一聯姻設置有其可以自我確保的限制性機制、其所召喚出通常具複雜性的知識，但隨著經濟進程及政治結構不再能在它之中發現適當的工具或足夠的承載，便已失去其重要性。西方現代社會，特別是自從 18 世紀以來，發明並建立了一個新的設置，它重疊於其上，並在不使它退位的情況下，使得它的重要性降低。這便是**性的設置**（*dispositif de la sexulaité*）：如同聯姻設置，它插上（se brancher）性關係中的夥伴；但那是根據一個完全不同的模式。這兩者之間可以發現有項對項的對立關係。

聯姻設置圍繞著一個規則體系來設計，而此一體系界定了允許和禁止、受要求的及非法的；性的設置的運作則是根據權力的技術，而它們是動態的、多形態和因時制宜的。聯姻設置的主要目標，包括了再生產關係遊戲及維持支配它們的律則；性的設置相對地則是產生領域和形式的持續擴延。對於前者，適切事物乃是其地位受界定的參與者之間的連結；對於後者，適切的則是身體的感覺、快感的質地、印象的性質，即使它們是如此地細微和難以察覺。最後，如果說聯姻設置乃是強力地在經濟之上進行組構，那是因為它在財富的傳承和連通上可以扮演的角色，性的設置與經濟的連繫則是千絲萬縷，但其中最

1. 　　譯註：如同本卷第三部第 6 譯註，傅柯思想中代表的重要概念的字詞往往會在不同的脈絡中具有不同的意涵。對於《性史》占核心地位的 sexualité 一詞也是循此方向，依上下脈絡而有不同理解和譯法。在本章之中，其所探討的主題主要是連結權力、知識和快感的設置（dispositif），而它含蓋的，乃是包括「身體、性器官、快感、聯姻關係、個人之間的關係」的一整群異質事物構成的整體（*Dits et Ecrits*, 1994, no. 206, p. 313.），因此參考上下文脈絡及閱讀上順暢性，本章主要以「性領域」作為此字詞的翻譯。

主要的是身體——生產及消費的身體。聯姻設置的安排組織無疑是受到社會體的體內平衡（homéostasie）所支配，而它也有將其維持的功能；這是為何它與法律體系有此優先的關連，這也是為何其重要時刻為「生殖」。性設置的存在理由並不是生殖，而是擴散、創新、吞併、發明、以越來越著重細節的方式穿入身體，並且以越來越全面的方式控制人口。因此必須接受三或四個主張，它們和性領域被現代社會壓抑這主題所假設的相反：性領域和權力的晚近設置相關；自從 17 世紀以來，此一設置即處於增長中的擴延；由那時開始支持它的安排布置（agencement），並不受生殖支配；它由一開始，便和身體之增強有關——身體作為知識對象的價值化，並且在權力關係中作為一個元素。

性的設置取代了聯姻設置，這將不會是個精確的說法。我們可以想像有一天它會將其取代。但在今天，事實上，如果它傾向於將其覆蓋，也並未將其抹滅或使它變得無用。由歷史角度而言，性的設置的建立更是由聯姻設置出發的。悔罪的實行、接著是意識的檢視及精神引導乃是其形成的硬核；然而，如我們之前已看到的[i]，在悔罪法庭中首要的關鍵重點在於性

作為關係的載體：被提出的問題在於此往來是受允許的或禁止的（通姦、婚外關係、與一位因其血緣或地位而受禁制的人發生關係、結合的動作是合法的或非法的）；透過新的傳教士守則——及其在教士研修養成課程、教團及修道院中的應用——一點一滴地，問題意識由關係轉移到「肉身」，也就是身體、感覺、快感的性質、色慾最祕密的運動、愉悅及合意（consentement）難以捉摸的形式。「性領域」（sexualité）正在誕生，它來自一個原先是以聯姻為中心的權力技術。由此開始，它就不停地相對於聯姻設置運作，並且也是以它作為支點。由 18 世紀開始，其價值受到提昇的家庭小單元，允許由其中兩個主要的維度——丈夫－妻子的軸線和父母－小孩的軸線——發展出性的設置主要的元素（女性的身體、兒童的早熟、生育的調節、以及無疑是程度較輕地，變態的特定化）。家庭不應以其當代形式來理解，將其當作是一個社會、經濟和政治聯姻的結構，它排除性慾或至少將它加以拘束，儘可能地減弱它，只保持它有用的功能。它的角色是相反的，錨定它並且作為它恆常的載體。它確保了一個性領域的生產，和聯姻的優先地位並不同質，但允許聯姻體系受到一個全新的權力戰術

所遍歷，而這是此一體系至此未曾知曉的。家庭為性領域和聯姻之間的交換器：它將律則及司法維度轉移至性設置之中；也將快感經濟及感覺的強度轉移至聯姻體制中。

　　此一聯姻設置和性的設置於家庭形式之間的扣連允許某些事實的理解：自從 18 世紀以來，家庭已成為情感（affect）、感情（sentiments）及愛的必經之地；對於家庭的誕生，性領域乃是一特別的重點；也就是因為此一原因，家庭的誕生便具有「亂倫」性質。在一個以聯姻設置為其主宰的社會中，有可能亂倫的禁制乃是一個就其運作而言不可或缺的規則。但在一個如同我們的社會之中，家庭乃是性領域最為活躍的匯聚處，而且無疑也是它的許多要求維持了並延長了家庭的存在，亂倫，因為完全不同的理由，並以完全不同的模式，佔有一個中心的地位；它一直受到煽動及拒絕、是羞恥之物也是受召喚之物、是受害怕的祕密也是不可或缺的接著劑。當家庭是以聯姻設置運作時，它看來像是在家庭中受到高度禁止的事物；不過要使得家庭成為性領域持久鼓動的匯聚點，它必須持續地受到要求。如果西方在超過一個世紀時間裡對亂倫禁制感到興趣，如果以幾乎是全體的共識，人們在其中看到具社會性質的普世

性，以及要通往文化時一個必經的通過點，這也許是因為人們在其中找到一個防衛方式，雖然絲毫不是抵抗一個亂倫的慾望，但卻是反抗此一性設置的擴延和含帶，因為此設置雖有好處，但也有不便之處，那便是忽略了聯姻設置的律則和司法形式。確認任何社會，因而包括我們的，都臣服於此一規則中的規則，可以保障人們開始操縱其奇異效果的性設置 —— 其中包括家庭空間中情感的強化 —— 並不能逃脫那偉大而古老的聯姻體系。如此一來，即使在權力的新機制中，法律仍是受到保持的。這便是此一社會的弔詭，它自從 17 世紀以來曾發明了如此許多有異於法律的權力科技：但它害怕其效力和其繁衍，並且嘗試在法律的形式中將這些科技重新編碼。如果人們接受所有文化的門檻即是亂倫的禁制，那麼性領域自從遠古以來便是受律則和法律的管轄。民族學長期以來不斷提煉的亂倫禁制跨文化理論，的確是無愧於整套現代的性設置及它所生產的理論論述。

自從 17 世紀以來所發生的，可以作如下的解讀：首先在家庭體制邊緣發展的性設置（在意識指導、教學法之中），將會一點一點地向家庭集中：它對聯姻設置所可能帶來的奇特陌

生、無法化約、甚或也許是危險——對於此危險的意識顯示於如此經常出現針對指導者缺乏含蓄的批評，以及稍晚一點，所有有關兒童教育的辯論，不論那是私人或公共的、機構或家庭的 ii——為家庭所重新承受——一個重新組織的，無疑更加緊密的，而相對於過去它在聯姻設置中所發揮的功能無疑是強度更高的家庭。父母、配偶在家庭中成為性設置的主要作用者，而於外部此設置則受醫生、教師、及更晚出現的精神治療師支持，而且於內部它則首先重疊了，之後則「心理學化」或「精神治療化」聯姻設置。於是出現了這些新興人物：神經質女人、性冷感妻子、冷漠的或是被謀殺執念包圍的母親、性無能的、虐待狂的、變態的丈夫、歇斯底里或神經衰弱的少女、早熟且已經耗竭的兒童、拒絕結婚或冷落妻子的年輕男同性戀者。這些形象混合了脫軌的聯姻和不正常的性傾向；它們將後者的混亂帶入前者的類屬之中；它們也是聯姻體制在性的類屬中誇耀其權利的機會。有個不停的需求於是由家庭中生出：需求的內容是人們協助它解決性和聯姻之間的不幸福遊戲；而且性設置由外部投注家庭並有貢獻於它以現代形式得以強固化，然而陷入性設置陷阱中，家庭便向醫生、教師、精神治療師、神父

及牧師，所有這些可能的「專家」們，發出它在性痛楚上的長期怨言。一切發生的彷彿是它突然發現在所被灌輸的或不斷暗示的事物中有其可怕的祕密：家庭作為聯姻的基礎拱門，乃是所有性事不幸之根芽。那麼，可以看到至少是由 19 世紀中期開始，它便在其自身之內追究任何一點點的性慾的痕跡，在自己身上壓榨出最困難的告白，索求所有那些可以加以良好地了解者的聆聽，並且一部分又一部分地開向無限的檢視。家庭是性設置中的水晶體：它似乎放射出性領域，但實際上它只是反射及使它產生繞射。經由它的可穿透性以及經由此一向外指涉的遊戲，它對於此一設置來說，乃是最珍貴的戰術元素之一。

　　但這些並不是沒有發生過緊張和問題。此處，夏爾可（Charcot）無疑又成為一個中心的形象。多年期間，對於受性領域充滿並困擾的家庭，他是尋求其裁決和照顧的人物中，最顯貴突出的一位。他接待來自全世界，帶來小孩的父母，帶來妻子的丈夫、帶來丈夫的妻子，而他的初步治療便是將「患者」和家人分開 —— 他經常建議他的學生如此作 —— 而且為了更好地觀察患者，盡可能地少聽家人的說法 [iii]。他尋求的是將性的

領域脫開聯姻體系，以便直接使用一種醫學實行來加以治療，而其中的技術性和自主性乃是以神經學模型獲得保障的。醫學以此方式將一種性領域重新置於其責任之下並且是依據特定的知識，而此一性領域乃是它自己鼓勵家庭把它當作是個根本的任務和主要危險來加以照料的。夏爾可曾多次說明家庭要將病人「讓渡」給醫生有何等的困難，雖然是家庭自己將病人帶過來的，而它們又是如何圍攻患者被隔離於其中的療養院，而這樣的干涉又如何不斷地擾亂醫生的工作。但它們卻沒什麼好擔心的：治療者的介入是為了能使個人重新在性方面得以整合於家庭體系；而這個介入，雖然操弄了有性的身體，卻不會允許它以外顯的論述來自我表述。對於這些「生殖器官因素」，不能加以談論：便是這以低聲說出的句子，在 1886 年中的某一天，我們這時代最著名的耳朵曾驚訝地聽到夏爾可的嘴巴將它說出。

精神分析後來便是定居於此遊戲空間中，但相當程度地調整了其中的煩擾和安心的體制。在開始時，它應是會引發懷疑和敵意，因為它將夏爾可的教訓推到極致，它開始在家庭的控制之外遍歷個人的性傾向；它並將性領域自身加以揭露，但

並不以神經學的模型來覆蓋它；更進一步，它在其分析中，使得家庭關係成為問題。但精神分析似乎在其技術模態中將性告白放置於家庭的主權之外，卻仍在此一性領域之中心，找回了聯姻的律則、婚姻及親屬關係的混合遊戲、亂倫，並以它們作為其構成原則及可理解性的解讀之鑰。此一保證，即在每個人的性傾向的深沉處，人們將會重新找回父母—小孩關係，在一個似乎指向相反進程的時刻，允許保存性的設置在聯姻體系上的扣連。不會有風險，使得性領域因其特性，顯得像是律則的異鄉人：它正是由後者所構成的。父母親，不必害怕帶你們的小孩去作分析：它會讓他們知道，無論如何，他們所愛的便是你們。小孩，不要太抱怨自己不是孤兒，並且總是要在自己的內心深處找回母親—大對體（Mère-Objet）或是〔大寫〕父親（Père）的主權符號：是透過他們，你們才能達致慾望。由此，在這麼多的不情願之後，產生了社會中龐大的分析消費，而在這些社會中，聯姻設置及家庭體系需要受到增援。這是因為，這裡是整個性設置歷史的一個基本要點：透過古典基督教中有關「肉身」的技術，它得以誕生，並以聯姻體系和支配它的規則作為其支持；但今天它扮演的角色乃是相反過來，今天是基

督宗教傾向於支持此一古老的聯姻設置。由意識指導到精神分析，聯姻設置和性的設置，兩者關係以緩慢過程相互轉變，到今天已為時超過三個世紀，其位置正好相反；在基督教的傳教士守則中，聯姻的律則曾為那正在為人發現的肉身提供符碼，也為它在一進場時便提供一個仍是司法性質的甲冑；透過精神分析，給予身體和生命於聯姻規則的乃是性領域，方法是在其中充滿慾望。

在本書此卷之後的不同研究中，將要被分析的領域，因此便是此一性的設置：透過基督教中的肉身，它得以誕生；它透過四個大策略在十九世紀的施行得到的發展：兒童的性化、女人的歇斯底里化、變態的特定化、人口的調節：所有這些策略都透過家庭〔而得以施行〕，而且必須看清楚家庭不是一個禁制的力量，而是性化（sexualisation）中具首要地位的因素。

第一個時刻應會相符於形成「勞動力」的必要性（因而不能有浪費能量的無用「花費」〔dépense〕，所有的力量都集中於唯一的勞動），以及確定它的再生產（配偶的形成、小孩有規則的生育）。第二個時刻應是相符於所謂的**晚期資本主義**

（*Spätkapitalismus*[2]）時期，在其中有薪勞動的剝削不再要求和 19 世紀同樣的粗暴及生理的限制，其中的身體政治也不再要求性的省略或是將其限制於單一的再生產功能；它比較透過它在經濟受控迴路中的多管道輸導：如同人們說的，具超壓抑性質的反升華。

然而，如果性政治的基本作為不是使禁制的律則得以運作，而是設立一整部技術機器，如果這裡涉及的比較是「性領域」的生產，而不是性壓抑，那麼必須放棄這樣的細節分析，將分析和「勞動力」問題分開，並且無疑必須放棄模糊的能量論，它是性因為經濟理由而受壓抑此一主題的支持者。

2.　　　譯註：傅柯在此使用此字詞的德文原文。此概念被認為是德國經濟學暨社會學家宋巴特（Werner Sombart，1863 – 1941）所創立，原指資本主義在第一次世界大戰之後的發展。

i.　　　參見前文，頁 57。

ii.　　莫里埃（Molière）的《偽君子》（*Tartuffe*）和朗茲（Lenz）的《家
　　　庭教師》（*Précepteur*），兩件作品之間雖然有一個世紀以上的距離，
　　　但兩者皆代表性的設置對家庭設置（dispositif de famille）的涉入，
　　　在《偽君子》一作中和精神指導有關，在《家庭教師》中則涉及教育。

iii.　　夏爾可，《週二課程記錄》（Leçons du Mardi），1888 年 1 月 7 日：
　　　「如要良好地治療一位歇斯底里的少女，不要將她留在父母親身邊，
　　　必須將她放在一座療養院……你們知道家教良好的少女離開母親時會
　　　哭多久？……平均說來；半個小時，並不算久。」
　　　1888 年 2 月 21 日：「就歇斯底里的少年的案例而言，必須要作的是
　　　將他們和母親分離。當他們還和媽媽在一起，沒法作什麼……有時父
　　　親和母親一樣令人難以忍受；比較好的是讓兩者都消失。」

Périodisation

第四章
時期劃分

如果我們要將性史集中於壓抑的機制，那便預設著兩個斷裂。其中一個發生於 17 世紀：大禁令誕生，只有成人和婚姻中的性才有價值、端莊的各種要求、身體有必要的消隱、語言要保有羞恥心的戒命；另一個則是發生於 20 世紀；而那比較不是一個斷裂，毋寧是曲線的拐折：這應是壓抑的機制開始鬆脫的時刻；由一個高壓的性禁制來到針對婚前或非婚性關係相對的寬容；「變態」的失格化得到了減輕，而律法中對它們的譴責部分地遭到解除；對於壓制兒童性慾的禁忌有一大部分應已得到解除。

必須要追蹤這些進程的編年史：發明、工具的突變、暫留不去。但也有它們的使用、它們所導出的傳播和效力（馴服或抵抗）的年表。這些日期無疑不能吻合人們一般置放於 17 和 20 世紀之間的壓抑大週期。

1. 技術的編年史本身可以上溯久遠。它們的形成點可於中世紀基督宗教的悔罪實行中尋求，或更進一步於雙重的系列中尋求，其中之一為拉特蘭大公會議中加諸於所有信徒具義務性質、完全性質

和週期性質的告白，另一個則是在 14 世紀開始以特別強烈方式發展的苦行方法、精神練習及神祕主義。就所謂的「肉身的傳統科技」而言，首先是宗教改革，接著是托倫特大公會議後的天主教留下重大突變的印記及分裂。此分裂的深度不應受到低估；但這不排除在意識檢查和教士指導方法上天主教和新教之間仍有某些平行性：兩者各自以多樣的微妙性固定下分析的手段和「色慾」（concupiscence）的置入論述。豐富而考究的技術，由 16 世紀開始對透過長期的理論精煉而發展，並且在 18 世紀末以一些格式固定下來，它們可以象徵阿爾封斯‧德‧黎格里（Alphonse de Liguori）的混合嚴謹主義為其中一方，以及衛斯里[1]的教學法為另一方。

1. 　　譯註：John Wesley（1703-1791）18 世紀英國神學家及布道家，衛理公會（Methodism）的創立者之一。

然而，就在同一個 18 世紀末期，由於一些尚待決定的原因，誕生了一個完全新穎的性科技：它之所以是新穎的，乃是因為雖然不是完全獨立於罪孽（péché）的主題，它根本上已脫離教會體制的掌握。以教學法、醫學、及經濟學作為中介，它使性成為不只是俗世的事務，而且是國家的事務；更好的說法是，這事務是社會體整體的事務，以及其中的每一個成員，都被召喚來作自我監控的。它之所以新穎，乃是因為它順著三個軸線開展：教學法軸線，其標的為兒童的性慾；醫學軸線，其標的為女性特有的性生理學；最後是人口學軸線，其標的則是自發或協同的生育調節。「年少時期的罪過」、「神經疾病」及「生殖上的作弊」（如同人們之後將會說的這些「令人沮喪的祕密」），如此將在此一新科技的三個特別重要的領域中留下印記。無疑在這三點的每一點上，它都重拾了基督宗教已形成的方法，但並不是沒有加以簡化：兒童的性慾已在基督教的精神

教學法中得到問題化處理（第一本有關《手淫》
［ *Mollities* ］的論著由 15 世紀的教育家和神祕主
義者傑爾森［ Gerson ］[2] 所寫，而這一點並不是沒
有意義；而德克爾［ Dekker ］於 18 世紀編撰的《自
慰》［ *l'Onania* ］相關論著則一字不漏地抄寫英國
國教傳教士守則中的案例）；18 世紀有關神經和
氣鬱症的醫學，也重拾了著魔現象，在意識指導
及精神檢視如此不「含蓄」的實行中開啟嚴重危
機時，已經被標定出來的分析場域（神經疾病肯
定不是著魔現象的真象；但歇斯底里的醫學與「受
執念所苦的女人」［ obsédées ］的古代指導並非沒
有關係）；有關於生育率的運動則以另一個形式
和在另一個層次，位移了夫婦關係的控制，而基

2.　　　譯註：Jean de Gerson （1363 – 1429），法國大學教授、神學家及
政治人物。他在其著作 *De confessione mollitiei* 中探討了手淫的問題。

督教的懺悔曾如此固執地尋求檢視此一關係。明顯可見的連續性，但這也不能阻止一個重要轉化的發生：由此時開始，性科技的根本將受支配於醫學體制、常態的要求，而且，與其說受制於死亡和永恆刑罰的問題，而毋寧說是受支配於生命和疾病的問題。「肉身」被疊合於有機體。

此一突變發生於 18 世紀至 19 世紀之間；它也打開了許多其它的轉化道路，作為其沿續。其中之一是把性醫學由一般的身體醫學中分離出來；它隔離出一個性「本能」，而即使沒有機體上的錯變，也可能呈現出構成性質的反常、習得的偏差、殘疾或病理進程。海恩里希·卡恩（Heinrich Kaan[3]）於 1846 年出版的《性精神病態》（*Psychopathia sexualis*）可以視為一個指標：在這些年代開始了性相對於身體的相對自主化、相關醫學的出現、和它特定相關的「矯形外科」，簡言之，「變態」醫學─心理學此一偉大場域的開啟，它將會接替放蕩或過度的古老道德範疇。

在同一時期，遺傳分析將性放置於物種的「生物
學責任」的位置上（其中包括性關係、性病、婚
姻結合、變態）：不只性本身可能有其自身的疾
病，而且，如果缺乏控制，它也可以傳播疾病，
或是為未來世代創造一些出來：因而，它顯得像
是位於物種病源資本的原則處。由此肇生既是醫
學又政治的計畫，意在組織一個婚姻、生育和維
生的國家管理；性和其孕育力必須受到經營管理。
變態醫學及優生學計畫，乃是 19 世紀下半部，就
性科技而言的兩大創新。

這些創新間的相互組構可以容易地進行，因為「退
化」（dégénérence）的理論使得它們可以持久地
相互指涉；它解釋為何有多樣疾病的沉重遺傳——
機體的、功能的或心理的，皆可——最後會產生

3.　　譯註：Heinrich Kaan（1816 –1893），出生於維也納的 19 世紀性學
　　　先驅者。

性變態（在一位暴露狂或同性戀者的族譜中尋找：
在其中將會找到一位半身不遂的先人、一位患肺
結核病的親戚，或是一位患了老年痴呆症的伯叔
輩）；但它也解釋性變態是如何地也會導入後代
的枯竭——兒童的佝僂病、未來世代的不孕病。
變態—遺傳—退化此一整體構成了性的新科技的
堅實核心。人們不要想像這裡只涉及一個科學上
有所不足，又過度道德化的醫學理論。它的擴散
平面（surface de dispersion）相當地寬廣，而且其
植入也很深入。精神治療、以及司法審判、法醫
學、社會控制作用元、危險或陷於危險的兒童之
監控，它們的運作曾長期以「退化」、遺傳—變
態為根據。一整套的社會實行，而國家的種族主
義乃是其中既激化又邏輯一致的形式，它給予此
一性科技令人驚懼的力量及長遠的效力。

精神分析在 19 世紀末期的獨特位置將難以受到了
解，如果我們沒能看到它和退化的龐大體系間所
作出的決裂：它重新貫徹了一個專屬於性本能的

醫學科技計劃；但它尋求擺脫它和遺傳間的關係，因而也擺脫了所有的種族主義和優生主義。現在我們可以良好地回顧佛洛依德學說中可能有的正常化意志；我們也許可以揭發精神分析體制長年扮演的角色；但在這個歷史可以遠溯至基督教時期的西方性科技的大家庭中，在 19 世紀中曾經進行性的醫學化的性科技中，一直到 1940 年代，精神分析一直是其中變態—遺傳—退化體系的政治和體制效應的嚴格反對者。

我們可以看到：所有這些科技的系譜學（généalogie），包括其中的突變、位移、連續性、斷裂，並不能符合有個大壓抑階段的假設，說它由古典時期開始，並在 20 世紀處於緩緩地結束之中。毋寧要看到的是一個恆久的創發性、方法和措施持續地繁衍，而在此一繁生發展的歷史中有兩個特別有孕育力的時刻：接近 16 世紀中期發展出意識指導和檢視的程序；19 世紀初期，則出現了性的醫學化科技。

2. 然而這仍只是訂定科技本身的發生時期。它們的
   傳播和應用點則有另一個歷史。如果我們以壓抑
   的角度來書寫性史，並且將此壓抑參照於勞動力
   的使用，那麼便需要假設性的控制在針對貧窮的
   階級時，應是更為強烈和細膩的；我們應想像它
   們應該依循最大宰制及最系統性剝削的線索：成
   年男子、年輕，只擁有其勞動力而得以生存，應
   是此一臣服操作的第一標靶，其目標是將無用處
   的快感中可使用的能量移動至必要的工作。然而，
   事情看來並不是如此地發生。相反地，最嚴謹的
   技術是以最大的強度，針對經濟優渥和政治上具
   領導力的階級而形成的，也運用於其上。意識的
   指導，自我的檢視，有關肉身罪孽的長期〔理論〕
   提煉發展，色慾的細緻偵測——這麼多的精微手
   段，只有有限的團體才能觸及。阿爾封斯‧德‧
   黎格里的悔罪的方法，衛斯里提供給衛理公會教
   徒的規則，確保了它們某種更廣大的傳播，這是
   真確的；但這是以可觀的簡化為代價。我們也可

以同樣的方式談論家庭作為一個控制的作用元及
性飽滿的端點：兒童及青少年的性慾乃是首先在
「布爾喬亞」及「貴族」的家庭中得到問題化的
處理；女性之性醫學化也是發生於此；也是在其
中最早出現性病理化的警覺、監控的緊急需要以
及發明合理性的矯正科技的必要。在它之中首先
發生了性的精神治療化。它是第一個進入性相關
神經興奮（éréthisme sexuel），對此產生恐懼，呼
喚科學技術的援助，並為了向自己不斷地複誦，
引發無可勝數的論述。布爾喬亞首先開始認為自
己的性是一件重要事物、脆弱的寶藏、是必須認
知的不可或缺祕密。最早受到性的設置投注的人
物，首先被「性化」的人物之一，我們不可忘記
那便是「游手好閒」的女人，身處於「世界[4]」的

4.　　譯註：法文 le monde 除了「世界」之外亦指「上流社會、社交界」。

邊界上，而她必須在此呈現為價值，而家庭又給予她一套新的夫婦及親職義務：於是出現了「神經緊張」的女人、患有「氣鬱症」的女人；女人的歇斯底里化便是在此找到了它的錨定點。至於在其祕密快感中浪費其未來材質的青少年，自從18 世紀末至 19 世紀末，如此大量地使得醫生及教師憂慮掛心的沉迷於手淫的兒童，那並不是平民百姓的小孩，必須教導他身體紀律的未來勞工；那是學校中的學生，身邊圍繞著僕人、教師和女管家的小孩，他可能損害的，比較不是身體力量而是知性能力、道德本分及必須為其家庭及其階級保留健康後代的義務。

相對於此，俗民階層則長期逃脫「性」設置的掌握。它們的確是曾以不同的模式臣服於「聯姻」設置：對合法婚姻及生育力給予正面價值、近親通婚的排除、社會性和地域性的內婚制。基督教的肉身科技對它曾具有大的重要性，其機率很低。至於性化的機制，它們是緩慢地穿透俗民階層，

而且無疑是透過三個接續的階段。首先，針對生育的問題，當 18 世紀末發現欺騙自然的技術並不是城市居民或放蕩者的特權，而是已受到非常接近自然的一群人認識和實踐，雖然按理說他們應比別人更厭惡如此作為。接著，在 1830 年代左右，當時家庭的「經典」組織，顯得像一項政治控制及經濟調節的工具，而它對於城市中的普羅階級的馴服是不可或缺的：「貧困階級道德教化」大型運動。最後，在 19 世紀末期，以對社會和種族的保護為名義，發展出針對變態所作的司法和醫學控制。我們可以說，「性」設置乃是為了，而且也是由優勢階級精煉其最複雜、強度最高的形式，它後來傳播到了社會體的全部。但它並不是在各處都採取同樣的形式，使用同樣的工具（醫學和司法的作用元在不同處所各自有不同角色、而性醫學的作用方式也不相同）。

*

此一年代表的重新回顧——不論那是涉及技術的發明或其傳播的期程——有其重要性。它們使得存有一個壓抑週期的理念顯得非常可疑，在此理念中，此一週期有個開始和結束，描繪出一個曲線，包括其中的折曲點：對應於現實，其實大概不曾有過一個性的限制時期；而且它們也使人懷疑在社會所有層次和所有階級中存有一個同質的進程：並不存在一個統一的性政治。但它們特別是使得此一進程的方向和其存在理由成為問題：看起來一點都不是作為他人的快感的限制原則，性的設置才被傳統所謂的「領導階級」建立起來。它們似乎是首先將它在它們自己身上作嘗試。曾被如此多次描寫的布爾喬亞苦行主義乃是宗教改革的新化身，而那是新的工作倫理和資本主義的動力？但這裡看來涉及的正好不是苦行主義，或總而言之不是快感的棄絕及肉身的失格；而是相反地，一種身體的增大強度、健康及其運作條件的問題化：這裡涉及的是極大化生命的新技術。與其說是針對受剝削階級的性壓抑，這裡涉及的問題毋寧首先是「宰制」階級的身體、精力、長壽、兒女和後代。性的設置，其首要建立處所便在於此，並作為快感、論述、真象和權力的新分布。這裡要猜疑其存在的，乃是一個階級的自我肯

定，而不是另一個階級的奴役：一種防衛、保護、增強、激昂，其後——以不同的轉化為代價——才延伸到其他人身上作為經濟控制和政治馴服的手段。在對自己的性以一個它自己發明的權力和知識科技進行的投注之中，布爾喬亞彰顯其身體、感覺、快感、健康和存活的高度政治價值。在所有這些程序中，我們不應孤立其中可能有的限制、羞恥、掩藏或沉默，並將其指涉於某些構成性的禁制、壓抑或死亡本能。這裡形成的是一個生命的政治性安排布置（agencement politique de la vie），但它不是在他人的奴役之中，而是在自我的肯定之中構成。遠遠不是一個在 18 世紀掌握霸權的階級曾相信必須截除其身上無用的性，因當它不再只是奉獻於唯一的生殖時就只是耗費的及危險的，我們可以說，相反的是它給了自己一個有待照顧、保護、修養、保存的身體，以面對所有的危險、接觸、將它和他者隔開以維持其殊異的價值；而它為了達到這一點，在其它手段之中，也包括透過給予自己一個性的科技。

性並不是布爾喬亞必須使其失格或取消的身體部分，而如此才能使受其宰制者降服於工作。它本身比起其它元素，更是使得布爾喬亞不安、憂慮，它懇求並獲得了它的照料，

而對布爾喬亞而言，它的培養乃是混合了駭怕、好奇、極致的快樂和狂熱。它對它認同或至少為它獻出了身體、並認為它對身體具有神祕和不可限制的力量；它在性之上懸掛了它的生與死，因為使它負責其未來的健康；它將未來投注在它身上，因為假設它對其後代會有不可避免的效力；它使其靈魂隸屬於它，宣稱其中最祕密的元素和最具決定性的元素乃是由它構成。我們不應想像布爾喬亞象徵性地自我閹割，以便更加能夠拒絕它人擁有性乃至隨意使用它的權利。要看到的毋寧是，它自從 18 世紀中期起，即努力給予自己一個性領域，並且由它出發建構一個特定的身體，一個「階級的」（de classe）身體，它有其健康、衛生、後代、種族：其身體的自我性化，在自己的身體中具體承載性，性與身體的內婚制。而之所以會如此，無疑有數個原因。

首先，這是將貴族用以標記和保持其卓越社會等級的手段以其它形式加以轉移；因為世襲貴族也一樣，肯定它身體的特殊性；但這是以**血統**的形式，也就是透過祖先的久遠資歷和聯姻的價值；布爾喬亞為了給自己一個身體，則望向一個相反的方向，即是其後代子孫及其有機體的健康。布爾喬亞的「血

統」（sang），便是他的性（sexe）。而且，這並不是語言遊戲；貴族禮儀特有的許多主題又再度出現於 19 世紀的布爾喬亞中，但其方式是呈現為各種生物學的、醫學的和優生學的訓戒格言；系譜學的憂心成為遺傳學掛慮；在婚姻中，受考慮的不只是經濟上的迫切需要及社會同質性的規則，不只是遺產的允諾，也包括遺傳上的威脅；家庭配帶並隱藏著某種反轉和陰暗的家徽，其中不名譽的部分是親族中的疾病和缺陷──先祖的全身癱瘓、母親的神經衰弱、小妹的肺結核、姑嬸的歇斯底里和色情狂、品格敗壞的姪子。但在此一對性化身體的關懷（souci）中，存有比布爾喬亞轉移貴族主題以自我肯定更多的事物。它也涉及另一計畫：這是個無限擴張力量、精力、健康、生命的計畫。提高身體的價值，的確是和布爾喬亞的擴張進程及霸權建立有關：這並不是因為勞動力具有的商品價值，而是因為對於布爾喬亞而言，他自己身體的「文化」在政治上、經濟上、歷史上，以及對於現在和未來所能代表的。它的宰制有部分依賴於它；這不只是一樁單只是涉及經濟學或意識型態的事務，也是涉及「生理學」的事務。見證這一點的包括 18 世紀末期出版的如此大量書籍，其主題有關身體衛生、長壽祕

訣、生產出健康且可儘量長期保住的小孩的方法、改善人類後代子孫的手段；它們如此地證明此一對身體和性的關懷與「種族主義」間的關係。但它和貴族所展現的種族主義非常不同，支配後者的主要是保守的目的。它涉及的是一種具有動力的種族主義，擴張的種族主義，即使那時仍在胚胎時期，必須等到 19 世紀下半葉才能長出人們曾品嚐過的菓子。

那些認為布爾喬亞意謂著身體的忽略及性壓抑的人，那些認為階級鬥爭含帶著解除此一壓抑的人，希望他們能原諒我。布爾喬亞的「自發哲學」也許不是像人們說的如此地具理想主義或閹割性格；它的第一關照無論如何是給自己一個身體和性領域——透過性設置的組織來自我確保此一身體的力量、持久及長期繁衍。此一進程和它肯定其差異及霸權的運動相連。無疑必須接受階級意識的首要形式之一，乃是身體的肯定；至少這是布爾喬亞在 18 世紀中發生的事；它將貴族的高貴血統改造為一健全的有機組織以及一個健康的性傾向；我們了解為何它要花如此長的時間並以如此大的不情願才能承認其它的階級有一個身體和性——它們正好是它所剝削的階級。普羅階級得到的生活條件，特別是在 19 世紀前半，顯示出人們毫不關

懷其身體和性[i]：這些人的死活並不重要，反正他們是春風吹又生。要使得普羅階級獲得一個身體和性領域，要使得他的健康、性和生殖成為問題，必須要有衝突（特別是和城市空間有關：同居、近身性、感染、傳染病，比如 1832 年的霍亂，或甚至賣淫和性病）；必須要有經濟上的緊急需求（重工業的發展和穩定且有能力的人力的需求、控制人口流動及達成人口學調節的必要）；最後必須要建立一整套的控制科技，它允許此一身體和性領域維持受到監控，以使得最終人們對它們加以承認（學校、居住政策、公共衛生、急難救助和保險制度、人口的普遍醫學照料，簡言之，一整套行政機器和技術，可以無危險地將性設置帶入被剝削的階級；面對布爾喬亞，它不再有扮演階級肯定角色的風險；它只是其霸權的工具）。由此無疑產生了普羅階級對接受此一性設置時的遲疑；由此而生的傾向，使它說這整個性領域乃是布爾喬亞的事而和它們無關。

　　某些人相信可以同時揭發兩個對稱的虛偽：一個屬於位居宰制地位的布爾喬亞，它否定了自己的性領域，而另一個是被導入的，屬於普羅階級，它也拒絕了自己的這部分，因為接受了對立面的意識型態。這是不了解布爾喬亞是相反地給予自己

一個多話的性領域的進程，並且那是位於一個高傲政治肯定之中，而當它是以馴服為目的強加在它身上時，普羅階級曾長久地對此加以拒絕接受。如果「性領域」（sexualité）乃是一個整體的效果，它產生在身體、行為、社會關係，而其作用者是來自複雜的政治科技的某種設置，那麼就必須承認此一設置在此處和它處並不是以對稱的方式在運作的，而它也不會產生同樣的效果。那麼便必須回到這些長期受到詆譭的表述；必須要說存有一個布爾喬亞的性領域，而且存有階級性質的性領域。或者毋寧說性領域是就其原初而言，就其歷史而言，乃是布爾喬亞的，而在其相互接續的位移和其換位中，導入了特定階級的效應。

*

仍要再加上一些話。於是，在 19 世紀中，發生了性設置的普遍化，而這是由一個具霸權地位的匯聚點出發的。就其極致而言，社會體全體都被給予了一個「性化的身體」，雖然是以不同的模式，並且是透過不同的工具。性領域的普遍性？於此處我們看到，一個新的區分元素受到引入。有點像 18 世紀

末，布爾喬亞相對於貴族高價值的血統，是對立以它自己的身體和珍貴的性領域，到了 19 世紀末，尋求重新定義其自身的性領域，以對立於它者之性領域，以一種分化的方式重拾它自身的性領域，劃出一條分界線並獨特化及保護其身體。這條線將不是那建立性領域的線，而是阻礙它的線；產生差別的是禁制（interdit），或者至少是它施行的方式或它被設立時的嚴格程度。將要一點一滴地覆蓋整體性設置的壓抑理論，並給予它一個普遍化的禁制意義，其起源點便在於此。由歷史角度而言，它和性設置的傳播有關。一方面，它將合法化其權威性格和限制性格的延展，提出所有的性領域皆應臣服於律法的原則，甚至更進一步地說，性領域即是律法的效果：不只您應將您的性領域順服於律法，甚至如果您不臣服於律法，那麼您將不會得到性領域。但在另一方面，壓抑理論將會補償此一性設置的普遍化傳播，其方式是透過分析一個根據社會階級形成的差異化遊戲。18 世紀末的論述這麼說：「在我們身上有一個珍貴的元素，必須加以敬畏及管理，並須全心全意加以照料，如果我們不希望它生出無限的惡痛」，它後來則轉變為另一個論述，它說：「我們的性領域，和其它人不同的是，它臣服於一個如此強大的壓抑體制，而這反而形成一個危險；性不只是一

個令人敬畏的祕密，如同許多先前世代的意識指導者、道德學家、教學者和醫生所說，必須逼迫出它的真象，但如果它身上帶著這麼多的危險，那是因為我們在過長的時間裡——小心謹慎、過於強烈的罪惡感、虛偽，以上隨意皆可——將它壓縮於沉默之中。」從此以後，社會區別不是透過身體的「性」品質，而是透過對它壓抑的強烈程度。

精神分析的插入點即在於此：它同時是律法和慾望之間具有根本的從屬性的理論，也是解除過度嚴格禁制產生致病反效果的技術。就其得以浮現的歷史而言，精神分析不能分離於性設置的普遍化，以及後來由此次生的差異化機制。亂倫的問題就此觀點而言，也是具有意義的。一方面，它的禁止被當作是一個絕對普世的原則，而它允許同時思考聯姻體系及性的體制；因而此一禁制，不論是以何不同的形式，對於所有的社會和所有的個人都是有效的。但在其實行中，精神分析給自己的任務是，對於尋求其協助者，解除它可能產生的壓抑效果；它使其可以用發出論述來抒發其亂倫慾望。但就在同一時代，對於亂倫的行為，發起了一個系統性組織的圍獵，不論它是存在於鄉間或精神分析無法抵達的某些城市環境：由行政和司法組

成的緊密控管格架被安排了出來，以將其終結；一整套保護童年或是將「身處危險」的未成年人交付託管的政策，其部分目標是將他們由有發生亂倫疑慮的家庭——因空間不足、令人起疑的過度親近性、放蕩的習慣、野蠻或退化的「原始性」——之中帶領出來。雖然自從 18 世紀起，性的設置即加強了父母和子女間的情感關係、身體親近，雖然在布爾喬亞家庭中有一種對於亂倫持久的鼓動，運用在俗民階級的性體制則相反地將亂倫行為排除，或至少將它們位移於它種形式之下。在亂倫作為一種行為受到追捕的年代，精神分析則努力揭露它為一種慾望，並為因它受苦的人們解除壓抑它的嚴格力量。不要忘記伊底帕斯［情結］的發現和司法上親權喪失的形成乃是同一時代（在法國這是透過 1889 年和 1898 年的法律）。在佛洛依德發現朵哈（Dora[5]）的慾望內容並因而使它得以受到表述的時候，人們給予自己裝備，以便解開存於其它社會階層中的這些可責

5.　　譯註：Dora 為佛洛依德於 1900 年曾經治療的一位歇斯底里症女患者的代名。

怪的親近性；父親一方便被高舉為一個必須喜愛的對象；但如果他真的成為戀人，他將會被法律除去其地位。如此一來，在一個現已普遍化的性設置之中，精神分析作為受保留的治療行為，相對於其它程序，扮演著差異化的角色。那些失去關懷其性領域專有特權的人，從此之後有了另一個特權，那便是比其它人更強烈地感受到其禁制，並且擁有允許解除其壓抑作用的方法。

性設置的歷史，如其所是地於古典時期開始發展，可以作為精神分析的考古學。實際上我們看到：它在此一設置中同時扮演了數個角色；它將性與聯姻體系扣連起來；它將自己建立於一敵對於退化理論的位置；它作用的方式是作為性的一般科技的差異化元素。圍繞著它，自如此長久以來形成的告白的巨大要求有了一個新的意義，即作為解除壓抑作用的指令。真象的任務現在是和禁制的問題化連結在一起。

然而，它本身打開了可觀的戰術性位移可能性：以普遍化的壓抑來重新詮釋這個性設置；將此一壓抑連繫於宰制和剝削的一般機制；把允許能由它們之中解脫的進程連結在一起。如此，在兩次大戰之間，圍繞著萊希（Reich）形成了性壓抑的

歷史—政治批判。此一批判的價值和它在現實中的作用是可觀的。然而，它的成功之所以有其可能性乃是關連於事實上它總是在性設置的內部中開展，而不是外於它及反抗它。西方社會的性行為中有如此多的事物得以改變，但萊希所心繫的政治許諾或條件並沒有實現，此一事實足以證明，所有這性「革命」，所有這「反對—壓抑」的鬥爭，並不代表更多，或更少——這已經非常重要——而是性的巨大設置的位移和戰術性反轉。我們於是理解為何不能要求以此一批判作為解讀此一設置本身的歷史的框架。也不能作為其拆除運動的原則。

原書註 ──────────────────────────────────

i.　　　參考 K. Marx，《資本論》（*Le Capital*），LI，chap. X, 2，〈饑渴
　　　於超時工作的資本〉。

V. Droit de mort et pouvoir sur la vie

第五章

賜與死亡的權利

和作用於生命的權力

長久以來，王權代表性的專權乃是生與死的權利（droit）。它無疑在形式上衍生自古老的**父親的權力**（*patria potestas*），而這權力給予古羅馬家庭的父親「擁有支配」（disposer）其小孩生命的權利，如同他的奴隸生命一般；他將它「賜與」他們，也可以由他們身上將之收回。古典時期理論家所提出的生死權利已經是一個相當緩和的形式。由君王對其臣民，已不再設想為此一權利是在絕對之中及無條件地施行，而是當君王本身的存在暴露於危險之中時：某種反擊的權利。他是否受到外部敵人威脅，他們想要顛覆他或質疑其權利？他於是可以合法地發動戰爭，並且要求其臣民參與國家的防衛；並沒有「直接地主張他們的死亡」，他能合法地「使他們的生命曝險」：在這個意義上，他在臣民身上施行「間接的」生死權[i]。然而，如果其中一位起身反抗他並阻礙其律法，那麼他可在其生命上實施直接的權利：以懲罰為名義，他會將他殺死。如此理解，生死之權，不再是個絕對的專權：它以保衛君王及其本身的續存為條件。是否應依循霍布斯（Hobbes[1]）的思路，將此設想為人人在自然狀態以他人的死亡為代價保衛自己的生命，而此一人人皆擁有的權利被轉移給君王？或是應在其中看到一個特

定的權利，而它和君王此一法律系統上的新存在的形成一起出現 [ii] ？無論如何，生與死的權利，不論是在此現代的，相對的及受限的形式之下，或是在它古老且絕對的形式之下，乃是一個不對稱的權利。君王施行他對生命的權利的方式，只是動用其殺人的權利，或是保留它；他要在生命之上留下他的權利印記的方式，只能是以他能夠要求的死亡。表述為「生與死」的權力事實上是一個賜死（*faire mourir*）或留活（*laisser vivre*）的權利。終究，它是以利劍（glaive）為其象徵。或許要將此一司法形式關連於某種歷史性的社會類型，在其中權力的施行主要是一種提取（prélèvement）的作用、抽取的機制、取用一部分財富的權利、榨取產品、財貨、服務、勞動和血液，它們被強加於其臣民之上。權力在此首先是個掌握的權利（droit de prise）：作用對象是事物、時間、身體及最終的生命；它的極

1.　　譯註：Thomas Hobbes（1588-1679），英國的政治哲學家，於1651年出版《利維坦》（*Leviathan*）一書，為之後的西方政治哲學發展奠定根基。

致是占奪它以將之消滅的專權。

然而，西方自從古典時期開始，就這些權力機制產生了非常有深度的變化。「提取」傾向於不再是其中主要的形式，而只是所有的元件之中的一個，而整體的功能包括鼓動、增強、控制、監視、增加及組織權力所降服的力量：此一權力的目標是生產各種力量，使它們增加並將其安排組織，而不是專注於將其阻礙、屈折及摧毀。與死亡相關的權利此時傾向於移動，或至少尋求支撐於一個經營生命的要求，並且以這些要求所亟需的來安排布置自己。此一死亡，其基礎過去是君王自我防衛或要求人們防衛他的權利，將會顯得只是社會體確保、維持或發展其生命的權利的反面。然而戰爭從沒有會比 19 世紀以來的更為血腥，而且即使保持所有比例，各政體之前也未曾對自己的人口進行如此的大量毀滅。此一強大的死亡權力 —— 這也許給它一部分的力量，以及它將其極限推得如此遠的犬儒主義 —— 現在只呈現為一種權力的補充部分，此一權力是正面地作用於生命之上，將其經營、增加、繁衍、在其上施行精確的控制及整體的調節。作戰的名義不再是必須保衛的君王；而是以所有人的存在為名義；人口全體受訓練以相互殘殺，其名義

是為了它存活的必需。屠殺成為生死攸關。像是作為生命和餘存、身體和種族的經營者，如此多的政體得以進行如此多的戰爭，並殺死如此多的人。而透過一個可以完成迴圈的反轉，戰爭科技越是使戰爭轉向完全的毀滅，使得它們開始和結束的決定就更是實際上以續存（survie）的赤裸問題為依歸。原子戰爭的情境今日便是處於此一進程的終結點：能使一群人口曝險於普遍的死亡乃是此一權力的反面，它能保障另一群人口的持續存在。能夠殺死才能生存，此一原則過去支持著戰鬥中的戰術，已轉變為不同國家之間戰略原則；但要處理的生存問題，不再是王權生存的司法問題，而是一群人口的生物學問題。如果種族毀滅的確是現代權力的夢想，那不是因為古老的賜死權在今日的回歸；而是因為現在權力的處境和施行層次為生命、物種、種族和人口的大數量現象。

　　我也可以在另一個層次，以死刑作為例子。長期以來，它和戰爭一樣是利劍權利的另一形式；針對攻擊它的意志、律法、人身之人，死刑構成了君王的回應。死於死刑檯上者越來越少，和死於戰爭者相反。然而兩者的增減，其原因相同。當權力開始以經營生命作為其功能時，並不是因為人道主義情感

的生成，而是權力的存在理由以及它的運作邏輯，使得死刑的實施變得越來越困難。一個權力如何在賜與死亡中行使其最高的特權，如果它主要的角色是確認、支持、增強及繁衍生命，並給予它秩序？對於這樣的權力而言，極刑同時是極限、恥辱和矛盾。因此，為了維持它，比較不是要提出罪刑本身的巨大異常，而是罪犯本身的可怕殘酷、他的無矯正可能，以及社會的保存。人們合法地殺掉那些對其它人而言是一種生物性危險的人。

我們可以說，相對於賜死或留活的古老權利，取而代之的是一個使得生存（faire vivre）或排拒於死亡（rejecter dans la mort）的權力。這也許能解釋死亡的失去資格（disqualification），而其印記來自陪伴它的儀式晚近落入陳舊無用之中。人們在迴避死亡時所付出的細心，比較不是連繫於它對我們社會成為無法忍受的新焦慮，而是因為權力的程序不停地由此轉移開來。由一個世界過渡到另一個，死亡是由地上的王權到另一個至高權力的交接者，而後者以非凡的方式更為強大；圍繞著它的華麗儀式是種政治儀式。現在政治是在生命之上，沿著它的開

展，建立它的掌控處；死亡乃其界限，脫離它掌控的時刻；它成為生存最祕密、最「隱私」的端點。這是為何毋須驚訝於自殺——它在過去是個罪行，因為它像是一種譖越君主的賜死權的方式，不論此君主是在地上或天上，他都是此權利唯一的施行者——［自殺］在 19 世紀成為第一個進入社會學分析場域的行為；它使得個人的及私有的死亡權利得以出現在施行於生命的權力之邊界上和隙縫中。此一對於死去的執著，如此奇特卻又在其出現時如此地規律及恆常，也因此如此地不能由個人的特殊性或意外來解釋，乃是一個剛將政治權力的任務設定為經營生命的社會的初始驚異之一。

具體而言，此一作用於生命的權力乃是從 17 世紀開始發展，其中有兩種主要形式；這兩形式並不互相對立；它們毋寧是發展的兩個端點，中間有一整套的關係網絡將其相連。其中的一個端點，即第一個，似乎是集中在作為機器的身體之上來形成：它的訓練、能力的增加、它的力量的取出、它的有用和服從的平行增加，它之整合於有效及經濟的控制系統，所有這些為一些權力手段所確保，而它們是構成**紀律：人體的解剖—政治學**（*disciplines : anatomo-politique du corps humain*）之特

徵。第二個端點稍晚形成，大約接近 18 世紀中期，其集中處在於身體─物種，受有生命者之機制所遍歷之身體，它並作為生物學過程的載體：繁衍、生殖及死亡、健康程度、生命長度、長壽，以及所有可以使它們產生變化的條件；它們的照料乃是經由一整個系列的涉入和調節控制：人口的生命─政治學（*contrôles régulateurs : une bio-politique de la population*）。身體的紀律和人口的調節，構成了兩個端點，圍繞著它們展開了作用於生命的權力之組織。在古典時期開始建立的，此一具有兩個面孔的大科技 —— 解剖的及生物的、個體化的和特定化的、向著身體的表現轉向及望向生命的過程 —— 乃是一權力的特徵，它最高的功能，從此之後也許不再是殺伐而由各處完全地投入生命。

過去王權由賜死的威力中找到其象徵，現在已由身體的管理和生命算計性質的經營所細心覆蓋。在古典時期快速發展種種紀律 —— 小學、中學、軍營、工坊；在政治實務和經濟觀察的場域也出現多個問題，包括生育率、壽命延伸、公共衛生、居住、移民；因而這是一場樣式多樣和數目眾多的技術爆發，以獲得身體的臣服及人口的控制。一個「生命─權力」（biopouvoir）的時代由此開啟。它在其中發展的兩個方向，於 18世紀看來仍是明白地分開。在紀律這端，出現的是像是軍隊或學校這樣的機構；在其中出現的，也是各種反思，其對象包括戰術、手藝學習、教育、社會秩序；它們包含在由薩克斯元帥（Maréchal de Saxe）的專業軍事分析到吉伯特（Guibert）或賽爾凡（Servan）的政治夢想之中。在人口調節這端，則是人口學、資源和居民間關係的評估、財物和其流通、生命和其可能長度的圖表化：這些包含於奎斯內（Quesnay）、莫侯（Moheau）、蘇斯米爾赫（Süssmilch）的主張中。「意識學學者」（Idéologues）的哲學，是個有關理念、符號、個體感覺生成的理論，但也是利益的社會組合，意識型態作為學習的學說，也論及社會體的契約和其有條理的形成，它無疑構成一抽象理論，可在其中尋求調和這兩個權力技術，並產生一個一般理論。事實上，它們的組構並不是在思辨論述層次上進行的，而是進行於具體的安排布置（agencements）形式之中，這將構成 19 世紀的權力大科技：性的設置將是其中之一，而且是最重要的一個。

　　對於資本主義的發展而言，此一生命─權力，不必懷疑，

曾是一個不可或缺的元素；而此發展之所以獲得確保，其代價是依賴身體以受控制的方式整合於生產機器之中，並透過人口現象依據經濟進程所作的調整配合。但它還要求更多；它需求這兩端的增長，它們的增強以及它們的有用和馴服；它需求的還有一些方法，可以增加力量、能力、一般而言的生命，但又不能使它難於臣服；如果大型國家機器的發展，比如權力**機制**，曾經確保生產關係的維持，18 世紀初步發明的解剖—政治及生命—政治，作為權力**技術**，出現於社會體的所有層次，並且受各式各樣多元的機制所運用（家庭如同軍隊、學校或警治，個體的醫學或各集合體的管理），作用的層次包括經濟進程，其展開及其中作用及支持的力量；它們也成為社會分隔及層級化的因素，作用於各個層級各自的力量，保障了宰制關係及霸權的效力；人的積累調適於資本的累積、人群的增長與生產力的擴延相互組構，以及營利有區別的分配，有一部分便是因為生命—權力以其形式和其多樣的方式運作才得以成為可能。對於身體的投注、它的價值化及其力量分配的經營，在此時刻是不可或缺的。

我們知道，苦行的道德在資本主義最初的形成時所扮演

的角色，是一個曾被多次提出的問題；然而 18 世紀西方某些國家所發生的事情，並且和資本主義的發展相關連，乃是另一種現象，其格局也許大於此一似乎使身體失格的新道德；這裡發生的，正是生命之進入歷史——我指的是人類生命特有的現象進入知識和權力的類屬中，進入政治技術的場域。這裡涉及的，並不是宣稱生命和歷史在此時才有了第一次接觸。相反地，生物學相關事物對歷史產生的壓力，數千年來都是極度強大的；流行病和饑荒構成此一關係兩大戲劇化時刻，並且如是地維持於死亡的主宰之下；透過一個循環的過程，18 世紀的經濟發展和占主要地位的農業發展，生產力和資源的增加比它嘉惠的人口增長更為快速，允許稍微放鬆這些深沉的威脅：饑荒及黑死病產生大災害的年代在法國大革命之前——除了少數的復發——已經結束；死亡開始不再直接地糾纏生命。而且同時期生命的一般認識有所發展、農業技術的改進、針對人的生命和餘存所作的觀察及措施，有所貢獻於此一鬆弛：對於生命相對的掌控使得死亡的緊迫得到一些舒解。在以如此方式獲得的運作空間中，將其組織和擴大，權力和知識的方法將生命的進程納入考量並開始訂定計劃控制及改變它們。西方人逐漸學

習何謂一個生存於有生世界的有生物種，何謂擁有一個身體、生存條件、生命的或然率、個體和集體的健康，人們可以改造的力量以及一個可以用最優方式將這些力量分配的空間。這無疑是歷史上的第一次，生物學在政治學中思考；生存的事實不再是那不可企及的底座，只有偶而顯露出來，而那是在死亡的偶然和必然之中；它有一部分過渡到知識控制及政治介入的場域中。後者處理的不再只是法律中的臣民，而其終極的掌控點乃是死亡，它處理的是有生命的存有，而它在它們身上能有的掌握點必須被放置於生命自身的層次；將生命當作應處理的責任，更甚於殺人的威脅，可以使權力得到通往身體之路。如果生命的動態和歷史的進程相互交會而產生的壓力可以被稱為「生命—歷史」（bio-histoire），那麼應該用「生命—政治」（bio-politique）來指稱使得生命及其機制進入明顯計算領域的事物，它並使得權力—知識成為一個轉化人之生命的作用者；生命並非無保留地整合於宰制和經營它的技術；它不斷地脫離它們的掌握。在西方之外，饑饉存在，而且其規模從未如此龐大；人作為物種，比起微生物學誕生之前，其生物學風險也許更加巨大，或至少更為嚴重。然而，一個社會所謂的「生物學

現代性門檻」，其情境乃是一個時刻，此時人之物種本身進入其自身的政治策略之中成為一個關鍵焦點。在數千年之中，人一直是亞里斯多德（Aristote）所說的：一個有生命的動物，加上有政治性存在的能力；現代人是一個動物，而在其所存在於其中的政治裡，它作為有生存有者的生命本身成為問題。

此一轉變有其可觀的後果。不必在此強調此時產生的斷裂，它產生於科學論述的體制之中，以及生命和人這雙重的問題意識如何橫越和重新分配古典知識型（épistémè）秩序的方式。如果人作為問題被提了出來──在人作為生命體以及他和有生者的關係的特殊性中──其原因應在歷史和生命關係的新模式中尋找：在生命的此一雙重位置之中，它同時在歷史之外，以作為它的生物學外圍環境，也在人之歷史性（historicité）之內，而此歷史性為其知識和政治技術所穿透。強調政治科技的增生繁衍也是無用的，由此開始，這些技術將投注於身體、健康、攝食和居住的方式、生活條件、生存的整個空間。

此一生命─權力的發展所產生的另一個後果，乃是常態（la norme）作用所具有的重要性增加，而律法的司法體系的重要性則下降。律法不得不有武裝，而它最佳的武器便是死亡；

對於逾越它的，它回報以此絕對的威脅，至少那是作為最後的手段。律法總是指涉利劍。但一個以處理生命為任務的權力，它需要的將是一種連續性的、調節性的和矯正性的機制。這裡涉及的不再是於王權的場域中，使死亡扮演其角色，而是在一個價值和功利領域中分配有生者。這樣的權力要作的是定性、衡量、評估、層級化，而不是在殺戮的光輝閃耀之中顯現自己；它不需劃出分隔線，區隔馴服的臣民和君主的敵人；它的分配圍繞著常態。我並不是要說律法被抹去或司法體系傾向於消失；而是律法的作用方式越來越像是個常態，而司法體制越來越被整合於一個（醫學的、行政的等等）機制的連續體中，而其功能首要是調節性的（régulatrices）。常態化社會是一種集中於生命的權力科技的後果。相對於我們所認識直到 18 世紀的社會，我們已進入一個司法〔系統〕退行的階段；自從法國大革命以來在全世界書寫的憲法、編撰和重寫法條、一整群持久和喧囂的立法活動不應生出幻覺：這些形式只是要使得一個本質上是常態化的權力變得更能為人接受。

　　而對抗此一於 19 世紀而言仍是新穎的權力，抵抗的力量以其所投注的對象作為支撐——此即生命和作為有生者的人。

自從上個世紀以來，質疑權力一般體系的大鬥爭不再是以回到古老權利為名義，或依照時間循環與黃金時代的千年夢想。人們不再等待一個窮困者的皇帝、或是一個末世的王國、或甚至只是重建想像中的古老正義；現在受到訴求並作為目標的，乃是生命，其意義是根本的需求、人的具體本質、其潛能的完全實現、可能性的飽滿。這裡涉及的是不是烏托邦並不重要；這裡有個非常真實的鬥爭進程；生命作為政治的對象就像是被以其表面意含直接接收，並反轉過來反抗企畫控制它的體系。政治鬥爭的焦點是生命，它更加大於權利，即使此一鬥爭以權利的肯定作為其表述。生命、身體、健康、幸福、滿足需求的「權利」，此一「權利」，超越所有的壓迫或「異化」，在於重新找回我們所是，或我們所有的可能，這樣「權利」無法為古典的司法體系所理解，乃是一政治性回應，針對的是權力的所有新程序，而它們也同樣，不隸屬於王權的傳統權利。

*

以此背景，可以了解性（le sexe）作為政治上的關鍵重點

的重要性。這是因為它身處兩條軸線的交會處，而整個生命的政治科技便是沿著這兩條軸線發展。一方面，它和身體的紀律相關：力量的訓練、強化及分配、能量的調整及經濟。另一方面，則隸屬於人口的調節，有賴於它所導入的全面性效應。它同時列入兩個領域；它使其發生的包括無限細微的監控、無時無刻的控制、以極端細膩方式進行的空間布置、醫學和心理學上無限定的檢查、一整套作用於身體的微觀—權力（micro-pouvoir）；但它給出的也包括大幅度的措施、統計上的預估、以社會體整體或以某團體之整體作為其對象的介入。性通往的同時是身體的生命及物種的生命。人們利用它作為紀律的母模（matrice）及調節的原則。這是為何，在 19 世紀，性慾（la sexualité）被追捕至生存最小的細節之中；它在行為中被圍捕、在夢中受追蹤；一丁點的瘋狂，人們即懷疑它在其下作用，人們對它的追逐一直深入到最早的童年時光；它成為個人特質的密碼，它同時可允許其分析和其馴化。但我們也看到它成為政治操作、經濟措施（透過鼓勵或抑制生育）、意識型態運動中的道德化和責任化的主題：它的價值被宣揚為社會力量的指標，足以顯示其政治上的能量和生物學上的活力。由此一性科

技的一端到另一端，分布著一整個系列的多樣戰術，它們以不同的比例組合著身體紀律及人口調節的目標。

兩個世紀以來，以四個戰線進行攻擊的性政治，其重要性便來自於此。每一條戰線都是一種組合紀律技術和調節措施的方式。前兩者的支撐來自調節的要求 —— 一整套關於物種、後代子孫、集體健康的主題——以獲得紀律層次的效果；兒童的性化（sexulisation de l'enfant）是以促進種族健康運動的方式進行（早熟的性慾由 18 世紀一直到 19 世紀末被呈現為像是同時足以損害成人未來的健康，以及社會和物種整體的未來）；女性的歇斯底里化，召來了她們身體和性的細緻醫學化，其進行是以她們對其小孩的健康、家庭體制的堅實穩固和社會的解除危難所具有的責任作為名義。就生育控制及變態的精神醫療化，其關係是逆轉過來：此處的施為是調節性的，但其支撐則是紀律要求及個人的馴化。普遍而言，處於「身體」和「人口」的接合處，性成為一種權力的中心標靶，而此權力毋寧是以圍繞著生命的經營，而不是死亡的威脅而組織起來。

血液長期以來便是權力機制中的一個重要元素，不論是就其顯現或其儀式而言。在一個社會中，當占上風的是聯姻體

系、王權政治形式、品秩和等級的分別、家族門第的價值，而其中饑饉、流行病、暴力使得死亡是個隨時爆發的緊迫存在，對於這樣的社會，血液構成了根本的價值；它的價值之所在，涉及它具工具性質的角色（可以流血的能力）、它在符號類屬中的作用（流著某種血液、具有同一血源、接受流血的風險）、甚至它的不穩定性（易於擴散、可能會乾涸、可以迅速混合、可能快速地敗壞）。［建立於］血液的社會——我甚至要說，「血性」的社會：戰爭的光榮與饑饉的恐懼、死亡的勝利、手握利劍的君王、行刑者與受刑者，權力**透過**血液說話；後者乃**是一個具有象徵功能的現實**。我們呢，我們則是生存在一個［建立於］「性」的社會，或者毋寧說是［建立於］「性領域」（sexualité）的社會中：權力的機制對象為身體、生命、使生命增生的事物、使物種增強的事物、包括它的活力、宰制能力、或是它受利用的才能。健康、後嗣、種族、物種的未來、社會體的生機、權力談論著性領域，亦向性領域發言；後者不是標記或象徵，而是對象和標靶。造成它的重要性，比較不是它的稀少或不穩定，或是它的堅持存在、它如影隨形般的隱身臨在、它到處存在，受點亮又受懼怕的事實。權力描繪它、使其

出現並利用它作為一個到處增生的意義，但又必須加以控制使得它不會逃脫；它是一個**有意義價值的效應**。我並不是要說，以性替代血即可以獨自總結留在現代性門檻上印記的轉化。我嘗試要表達的並不是兩種文明的靈魂，或是兩種文化的組織原則；我尋求的是理由，它們可解釋為何性在當代社會中遠不是受到壓抑，而是相反地持續受到召喚出現。在古典時期煉成的新權力程序，於 19 世紀受到實施，它們使我們的社會由**血的象徵**過渡至**性領域的分析**。我們看到，如果有些什麼事物是處於律法、死亡、逾越、象徵及王權的一方，那便是血，而性領域，它則是處於常態、知識、生命、意義、紀律和調節這一方。

　　薩德及第一批優生主義者乃是此一由「血性」到「性領域」的過渡的同代人。然而，當物種完美化的初始夢想使得血的問題倒向一個很具強制力的性經營時（決定良好婚姻、激發預期的生育力、確保小孩的健康和壽命之藝術），當種族的新理念抹除貴族血統的特別性，只保留性可受控制的效用時，薩德將性的全整分析帶回王權古老權力的劇烈機制，並且將之置於血液受到完全維持的古老威望中；血順沿著快感奔馳著──酷刑和絕對權力之血，受到尊重，流於自身的品級之血，也在弒君

和亂倫的主要儀式中流淌，平民百姓的血不受節制的流灑，因為在其脈流中流動之血甚至不足稱道。薩德作品中的性並無規範，也沒有可由其特性出發而形成的內在規則；但它臣服於一個不受拘束的權力的無邊際律法；如果有時會為自己以遊戲的方式強加上一個細膩紀律化的每日連續進展秩序，此一施為使它只是一個單一獨特且赤裸王權的純粹端點：力量超強大的怪物性質的無限權利。血已將性吸收。

事實上，性的分析學和血的象徵學即使依其原則屬於明白分別的兩個權力體制，它們並不是沒有相重疊、互動或回響地接續（如同這些權力本身）。以不同的方式，有關血液和律法的憂慮，自從兩個世紀以來即縈繞著性領域的經營。在這些相互交涉之中，有兩個是值得注意的，其中之一是因為其歷史上的重要性，另一個則因為它所衍生的理論性問題。由 19 世紀的後半段開始，血的主題便受召喚來活化及支持一種類型政治權力的歷史厚度，而此一權力乃是透過性的設置來施行的。種族主義於此點形成（現代形式之下的種族主義，有國家性質及生物學化的）：一整套政策，包括人口分布、家庭、婚姻、教育、社會品秩區分、財產，以及一套漫長系列的持久介入，其層面

包括身體、行為、健康、日常生活，它們的色彩和正當性皆受一神話性質的關懷所影響，即保護血液的純正和使得種族能夠勝出。納粹主義無疑是血之幻想與紀律性權力的頂點之最天真及最狡詐結合——後者因為前者成立。社會秩序的優生學化，伴隨著它所可能帶來的微觀權力的擴張及強化，以無限制的國家化為其表面遮蔽，並陪伴著優越血液的夢幻般的歌頌；而這同時含帶著對他者們的系統性種族滅絕，以及將自身曝露於完全犧牲的風險。歷史上，希特勒的性政治停留於一荒謬可笑的實行，然而血的神話則轉化為此時人們可以記得的最大屠殺。

在另一個極端，由此一 19 世紀末期本身，我們可以跟隨的是理論上的努力，設法將性的主題重新置入於律法、象徵秩序和王權的體系。精神分析懷疑（而且是自其誕生開始，也就是自其和退化論神經學—精神醫療的斷裂線開始）在這些宣稱要控制及經營性慾的權力機制中，可能存有其無法挽回的增生繁衍，這懷疑乃是它的政治榮耀——或至少是其中最具邏輯一致性之處：而佛洛依德努力以律法作為性慾的原則，便來自於此（此一努力無疑反應了他同時代種族主義的重大高漲）——這些律法包括聯姻法則、禁止近親通婚、父親—王權，簡言

之是在慾望週邊召來整套的古老權力類屬。因此，精神分析曾和——只有少數的例外，但本質上是——法西斯主義在理論和實作上處於對立。然而精神分析此一位置連結於特定的歷史情境。以律法、死亡、血液及王權的作用元思考性的類屬——不論是以薩德或巴岱耶（Bataille[2]）為參照，不論人們向它們要求如何的顛覆保證——沒有任何事物可阻止它終究只是一個歷史的「回溯—譯寫」。思考性的設置時，必須由和它同一時代的權力技術出發。

*

人們將會和我說：這是落入了匆促而不是基進的歷史主義；這是優先考量一些現象，它們也許是多變的，但仍是脆弱的、次要的、總之是表面的，卻反而忽略了性功能在生物學上堅實的存在；這是在談論性領域（la sexualité），但彷彿性（le sexe）並不存在。而且人們有權反駁我說：「您宣稱要細細地分析一些進程，透過它們有女性的身體、兒童的生活、家庭關係，以及一整個龐大的社會關係網絡。您想要描寫由 18 世紀

開始，性關懷的巨大高漲，以及我們懷疑到處皆有性的影子時所具有一直增加的不屈不撓。就讓我們接受這一點；並且懷疑實際上權力的機制更是被用於使性領域出現和『激怒』，而不是將它壓抑。但您在此和您自以為無疑已相互區別的事物仍是停留於接近的狀態；根柢而言，您所顯現的是性領域的擴散、定錨和固置，您想要使人看到的，或可稱之為社會體『性敏感帶』的組織；但很有可能您所作的只是把精神分析在個人層次對一些機制所作的精準辨識，轉移到它在一個模糊進程的規模。但是被您跳過去的乃是此一性化（sexulisation）之所以可能進行的出發點，而精神分析對它則沒有認識不清 —— 這就是性事（le sexe）。在佛洛依德之前，人們尋求將性領域定位於與其最接近之處：就在性事之中、在其生殖功能之中、在其直接的解剖學位置上；人們不得以地接受一個生物學上的最小

2.　　　譯註：Georges Bataille（1897-1962）法國哲學家及作家，其書寫亦涉及社會學、人類學及藝術史，創作則有評論、詩、小說等形式。

量——器官、本能、目的性。而您呢，您是位於一相對稱但完全相反的位置：對於您，留下來的只是沒有載體的效果、沒有根源的分枝，沒有性事的性領域。這仍是閹割。」

在這一點上，必須區分兩個問題。一方面，將性領域分析為「政治設置」是否一定含帶著忽略身體、解剖、生物學及功能面？就此第一個問題，我認為答案是否定的。無論如何，眼前的研究，其目的都在於顯示權力設置是如何直接地在身體之上組構——針對身體、功能、生理過程、感覺、快感；身體遠不是被抹拭掉，這裡涉及的是使它出現於一分析中，而在其中生物學和歷史學並不是相互延續的關係，就像是在古老社會學家的演化主義中那樣，而是依照一個增加中的複雜性相互連結，伴隨著以生命為標靶的權力的現代科技發展。因此，它並不是「心態史」（histoire des mentalités），只以人們感知身體的方式或給它意義和價值的方式來考量身體；它反而是部「身體史」（histoire des corps），以及人們就其中最物質性的、最具生命力的部分來投注於它的方式。

另一個問題，和第一個有所不同：我們所指涉的物質性因而並不是性的物質性，而就身體層面寫作一部性史，卻完全不

涉及性事的問題，這不是有其弔詭嗎？終究，透過性領域運作的權力，並不特別針對此一真實中的元素，也就是「性」——就一般而言的性？就權力而言，性領域並不是一個位於外部的領域，為它在強加於其上，而是相反，是由它的布置（agencement）所產生的效果和工具，這一點還可被接受。然而，性，它相對於權力，不就是個它者，而對於性領域而言，它便是在其週邊傳播其效應的中心？然而，就是此性的理念不能沒有檢視即加以接受。「性」（Le sexe）是現實之中的定錨點，而它承載著「性領域」的各種顯現，或是它是一個複雜的理念、其形成有其歷史性，並且是在性設置內部產生的？我們無論如何可以顯現，此一「性的」（du sexe）理念是如何由權力的各種不同策略形成的，而它又曾扮演什麼樣特定的角色。

　　沿著由 19 世紀開始發展的性設置的大線條，我們可以看到一個理念被精煉出來，即存在一個事物，它不同於身體、器官、身體部位、功能、解剖－生理系統、感覺、快感；這是個不同且多出的事物，具有它的內在特質及自身律則：這即是「性」（le "sexe"）。如此，在女性的歇斯底里化中，「性」是

以三種方式受到定義：作為屬於男女共同擁有的事物；作為特別屬於男人因而女性沒有的事物；又或者以其自身單獨地構成女性的身體，使其完全受制於生殖功能，並不斷地以此功能的效應來擾亂她；歇斯底里在此一策略中被論釋為性的遊戲，但要看性是「此」或「彼」、全部或部分、原則或缺乏。在兒童的性化中，理念的精煉在於一個既臨在（透過解剖上的事實）又缺席（由生理學角度）的性，如果考量其活動它是臨在的，但如果參照其生殖的目的性則有其不足；就其顯現而言是臨在的，但如論及效應則是隱藏的，因為只有在長久之後，才會在其病理的嚴重性中出現；而在成人這邊，如果兒童的性仍臨在，其形式則為一種祕密的因果關係，而其傾向是取消成人的性（18 與 19 世紀醫學教條假設性早熟在後來會帶來不孕、性無能、性冷感、無法體會快感、感官的麻痺）；在兒童的性化過程中，人們建構了一種性的理念，它深受臨在和缺席、隱藏和顯現的根本遊戲所標記；手淫和人們加諸於其上的效應以特別優位的方式顯露此一臨在和缺席、隱藏和顯現的遊戲。在變態的精神醫療化中，性被帶回到生物學上的功能以及一個解剖—生理學機器，它為它賦與其「意義」，也就是說它的目的；但

它也指涉了一種本能，而此一本能透過其自身的發展以及它可能依戀的對象，使得變態行為的出現成為可能，也使其發生成為可以理解；如此，「性」被界定為一種功能及本能、目的和意義的交纏；在這種形式之下，它的最佳顯現，比它處更為卓越的，乃是在變態—模範之中，即「戀物癖」之中，而它至少自從 1877 年開始，便作為其它所有偏差分析的引導線，因為人們可在其中清楚讀出本能之固置於一個對象，而其模式是歷史性的附著及生物學上的不相適合。最後在生殖行為的社會化之中，「性」被描寫為受制於現實律則（經濟上的必要性乃是其立即和粗魯的形式）和快感經濟之間，其中後者如未加以誤認，便是傾向於迂迴繞過前者；「作弊」中最著名的，即「性交中斷」，代表真實的時刻如何終結快感，但它也是快感的現身，不顧真實告戒的經濟。我們看到；這是性的設置，透過其不同的策略，安置了此一「屬於性的」（du sexe）的理念；在歇斯底里、自慰、戀物癖及性交中斷四大形式之下，它顯得像是臣服屬於全體和部分、原則與匱乏、缺席與臨在、過度與不足、功能與本能、目的與意義、真實與快感的遊戲。一個有關於性的一般理論，其骨架便如此地一步一步地建立起來。

然而，如此產生出來的理論，在性設置內部發揮了一些功能，這些功能使它成為不可或缺。其中有三個曾經特別重要。首先「性」這個意念允許將許多不同的事物集中於一個人為的統一之中，其中包括解剖學元素、生物學功能、行為、感覺、快感，而且它允許此一虛構的統一像是因果原則、遍存意義、處處發現的祕密一樣地運作：性因而可以像是一個獨一無二的符徵及普遍的符旨一樣地運作。更進一步，將自己呈現為統一了解剖與匱乏、功能與潛力、本能與意義，它得以標記一條接觸線，介於關於人類性慾的知識和生殖的生物科學之間；如此，前者雖然對後者沒有任何真實的借用──除了一些不確定的類比和移植的概念──卻因為相臨近的優勢地位，獲得了一種類─科學性（quasi-scientificité）的保障；但也因為此一鄰近性，某些生物學和生理學內容得以作為人類性本質的正常原則。最後，性的意念允許倒轉權力和性之間關係的再現，使得後者完全不在它和權力根本且正向的關係中呈現，而是如同定錨於一個特定且不可化約的作用元中，而這是權力盡力尋求使其臣服的；如此一來，「屬於性的」理念（l'idée "du sexe"）允許迴避使權力之所以作為「能力」的事物；它允許只把它思考為律法

（loi）和禁制（interdit）。性（Le sexe），這個作用元素對我們來說似乎是在宰制我們，像是個隱藏在我們所是的一切之下的祕密，這個使我們著迷的端點，因為其顯現的力量也因為其隱藏的意義，我們對它要求能揭示我們之所是，並且解放我們於所受的界定，性無疑只是一個理想的端點，因為性的設置和其運作而成為必要。不須去想像有個作為自主作用元（instance autonome）的性，在它和權力的接觸表面上，於第二次度產生性領域（la sexulité）的多種效應。相反地，性（le sexe）乃是最思辨、最理念性的元素，也是性設置最內在的元素，而此一設置是權力在其對身體的掌握中組織的，而此掌握包括身體的物質性、力量、能量、感覺、快感。

我們可以加上一點，即「性」（« le sexe »）還發揮著另一項功能，而它穿越前一群功能並且加以支持。這次它的角色比較是在實作面而不是理論面。實際上，性作為性設置中所設立的一個想像界中的固著點（point imaginaire fixé），每個人必須通過它才能通達自身的可理解性（既然它同時是隱藏的元素及意義生產的原則）、自己身體的全體（既然它是其中一個真實且受威脅的部分，而象徵性地它構成了全部）、自己的身分

認同（既然它在衝動的力量上加入個人生命史的獨特性）。透過一個無疑已經悄悄開始於長久之前的反轉——由基督教教士守則中的肉身時期已經開始——我們如今向它要求給予我們自身可理解性的對象，乃是多個世紀以來被當作是瘋狂者，而我們身體的飽滿則請教於長期被視為汙點及傷口者，我們的身分認同則就教於過去被視為無名的陰暗衝動。由此而生的，乃是我們賦與它的重要性、我們圍繞著它帶著崇敬的恐懼、對了解它所下的細心功夫。由此而生的事實是，它在世紀的尺度上，變得比我們的靈魂更為重要，幾乎比我們的生命更為重要；而且由此而生的是，世界的所有謎題和此一祕密相比，顯得如此地輕盈，它存於我們每個人自身之中，顯得渺小，但它的緻密度使得它相較於其所有的事物，乃是更為嚴重的。性的設置在我們身上所銘刻的浮士德約定（pacte faustien[3]），其誘惑由此之後書寫如下：以生命的全體交換性本身，交換性的真象和無上主權。性的價值等同於死。乃是在此意義之下，而我們是以嚴格的歷史角度來看待它，性今天為死亡本能所穿越。長久以前，當西方發現了愛，它給了它相當高的價值，以使死亡變得可以被接受；今天是性聲稱能達成此一等同，而這是所有等同

中最高的一個。當性設置使權力的技術得以投注於生命，它自己打下印記的性的虛構端點，則對每個人施行足夠的迷惑，使我們能在其中聽到死亡的低鳴。

在創造出「性」（"le sexe"）此一想像元素的同時，性的設置引發了它最私密的運作原則之一：對於性的慾望——慾求擁有它、通達它、發現它、解放它、將其在論述中進行組構、將其以真象的形式表述。它將「性」本身建構為可慾求的。而此一性的可慾求性在我們每個人之中固置了一個命令，即應該要認識它、顯露其律則與權力；此一可慾求性使我們相信我們正以對抗所有權力來肯認我們的性的權利，然而事實上，它將我們牢繫在性設置之上，而後者在我們內心深處，使得性黝黑的光芒如同海市蜃樓般地升起，而我們自以為可以在其中認出自我。

3.　　　譯註：傳說中，浮士德是一位學識淵博，精通魔術的人物，為了追求知識和權力，向魔鬼作出交易，出賣了自己的靈魂。德國作家歌德曾以他為主題寫作悲劇，第一部出版於 1808 年，第二部出版於 1832 年。

「一切皆是性」，在《帶羽毛的蛇》[4]一作中，凱特（Kate）說：「一切皆是性。性可以是美麗的，當人將它維持在有力和神聖的狀態，而它充滿世界。它就像灌注而下的陽光，以其光明穿透了你。」

因此，一段性史並不以性（sexe）這個元素作為參照；而是要顯示「性」是如何地在歷史上依賴於性領域（sexualité）。不要將性放置在真實的一方，而將性領域放置於混淆的理念和幻覺的一方；性領域是一個非常真實的歷史形象，是它引發了性這個意念（la notion du sexe）興起，以作為對其運作有必要的思辨性元素。不要相信向性說是，便是向權力說不；相反地我們是在跟隨性設置布下的線索。必須要由其中走出來的是性這個作用元素，如果我們透過翻轉性領域的各種戰術機制，我們想要作的是反抗權力的掌握，並彰顯身體、快感、知識之價值，並且是就其抵抗面的複多性和可能性而言。對抗性的設置，反擊的支撐點不應是性─慾望，而是身體和快感。

*

「過去曾有過這麼多行動，」D‧H‧勞倫斯[5]說，「特別是性的行動，這是個單調而令人疲倦的重複，但在思想和理解上並無任何平行的發展。現在，我們要作的事是理解性慾。在今日，對性本能完全自覺的理解比起性行為更加重要。」

也許有天人們會感到驚訝。人們將會難以理解，為何一個致力於發展龐大的生產和毀滅機器的文明，可以找到時間和無限的耐心，以如此多的焦慮提問性是什麼；未來人們或許會微笑，當他們回想到我們曾所是的這些人，相信在這一方存有一真象，而它和人們曾向土地、星星或其思維的純粹形式所要求的真象相比，至少是一樣地珍貴；人們將會驚奇於我們曾如此

4.　　譯註：英國作家勞倫斯（D. H. Lawrence）於 1926 年出版的小說，原文題名為 *The Plumed Serpent*。 小說主角凱特（Kate Leslie）是一位在墨西哥革命之後造訪墨西哥的愛爾蘭觀光客。

5.　　譯註：David Herbert Lawrence（1885-1930）為英國作家、小說家、詩人及評論家。其寫作涉及現代性、工業化、性、生命力及本能等主題，名著包括《兒子與情人》、《彩虹》、《戀愛中的女人》、《查泰萊夫人的情人》等。

頑強地假裝將性由其暗夜中拉扯出來，然而所有的一切——我們的論述、習慣、機構、規則、知識——乃是將它於大白天之中生產出來，並以喧囂之聲將其再度發動。人們會提問，為何我們如此想要解除其沉默律則之對象，卻是在我們憂慮中發出最多噪音者。由事後回望的角度來看，此一噪音顯得比例失當，但更奇怪的是，我們頑固地只在其中解讀到拒絕發言及必須保持沉默的命令。人們將會提問為何我們會變得如此自負；人們將會尋求為何我們會自己給予自己功蹟，是第一個給予性我們認為它應有的重要性，而這是反抗著千年來的道德，而且我們為何能給自己榮耀，認為我們最終在 20 世紀由一個又長又堅苦的壓抑時代之中獲得解脫——而這是基督教苦修主義的延長、折曲，並受布爾喬亞經濟上的迫切需求所慳吝地、瑣碎地利用。今天我們看作是一個檢查制度被困難地解除的歷史，人們將比較會把它辨視為一個複雜設置在多個世紀以來的長期上升，它使得性為人訴說、並將我們的注意力和關懷牢繫其上，以使得我們相信其律法的無上至尊，而事實上我們是受到性的權力機制所操作。

　　對於一度曾被拿來責備及反對佛洛依德和精神分析的泛

性論（pansexualisme），人們將會加以嘲弄。但那些將會看來是盲目的人，也許比較不是形成此一論調的人，而是大手一揮即排除掉它的人，彷彿它只是轉譯出一個古老的假裝害羞之中的驚懼。因為前面的一群人，終究而言，只是驚訝於一個開始於長久之前的進程，而他們並沒有看到他們在各方面都為其環繞；他們把已經受到長期準備的，怪罪到佛洛依德的壞精靈身上；他們弄錯的是日期，即何時一個性的普遍設置已在我們的社會中被建立起來。但第二群人呢，他們弄錯的是這個進程的性質；他們相信佛洛依德是透過一個突然的反轉，最終歸還給性它應得的部分，而且這是它如此長期被質疑應否擁有的；他們沒有看到佛洛依德的好精靈是將它放置在自從 18 世紀以來被知識和權力的策略所標記的關鍵點之一；而他以可比擬於古典時期最偉大的靈修者和指引者的令人敬佩的效率所重新發動的，乃是多個世紀以來，必須認識性並將其置入論述的戒命。人們經常提到古代的基督教如何使人厭惡身體；但讓我們稍微想到所有這些狡猾手段，由數個世紀以來，人們是如何透過它們使得我們喜愛性，使得認識它成為值得慾求的，所有對它的談論都是珍貴的；透過它們人們促使我們使用所有的技巧來對

它作突襲，並執著於由其中抽取出真象的責任；透過它們，也使得我們為曾經在如此長的時間中對它有錯誤認知而有罪惡感。但在今天，值得使人感到驚奇的卻是它們。我們必須想像也許有那麼一天，在另一個身體和快感的經濟中，人們將不太能理解性領域的狡智，以及支持其設置的權力是如何地能夠使我們臣服於此一性的嚴厲王朝，使得我們會致力於無界定的任務，即強力逼迫出它的祕密，以及由此一陰影中強取出最真實的告白。

此一設置的反諷：它使得我們相信我們的「解放」和它息息相關。

i.　　S. Pufendorf，《自然法》（*Le Droit de la nature*）（1734 年譯本），
　　　頁 445。

ii.　　「如同一個組合體，其所可能有的品質不能在混合而組成它的簡單體
　　　身上找到，同樣地一個道德體，由個人組合而成，但它能有的某些權
　　　利卻是其中個殊者不能正式擁有的，只有其中的指揮者才能加以實
　　　施。」S. Pufendorf，前引著作，頁 452。

近代思想圖書館系列 62

性史：第一卷 知識的意志
Histoire de la sexualité I: La volonté de savoir

作者：米歇爾‧傅柯Michel Foucault
譯者：林志明
主編：湯宗勳
特約編輯：京都男孩
美術設計：陳恩安
企劃：鄭家謙

董事長：趙政岷｜出版者：時報文化出版企業股份有限公司／108019台北市和平西路三段240號1-7樓｜發行專線：02-2306-6842｜讀者服務專線：0800-231-705；02-2304-7103｜讀者服務傳真：02-2304-6858｜郵撥：1934-4724 時報文化出版公司／信箱：10899台北華江橋郵局第99信箱｜時報悅讀網：www.readingtimes.com.tw｜電子郵箱：new@readingtimes.com.tw｜法律顧問：理律法律事務所／陳長文律師、李念祖律師｜印刷：綋億印刷有限公司｜一版一刷：2022年12月16日｜一版三刷：2024年8月27日｜定價：新台幣380元

性史：第一卷 知識的意志／米歇爾‧傅柯（Michel Foucault）著；林志明 譯—一版.--臺北市：時報文化，2022.12；240面；14.8×21×1.5公分.--（近代思想圖書館系列；062）譯自：Histoire de la sexualité I: La volonté de savoir｜ISBN 978-626-353-209-0（平裝）｜1.性學 2.歷史｜544.709｜111019035

Histoire de la sexualité 1 by Michel FOUCAULT
Copyright © Editions Gallimard, Paris, 1976
Complex Chinese edition © 2022 by China Times Publishing Company
All rights reserved.

ISBN：978-626-353-209-0
Printed in Taiwan